deutsch

Hans Földeak

Sag's besser!

Ein Arbeitsbuch für Fortgeschrittene

Teil 1: Grammatik

Max Hueber Verlag

deutsch üben

Ist eine Reihe von Übungsbüchern zu Grammatik, Wortschatz und Rechtschreibung, die als unabhängiges Material zu jedem beliebigen Lehrbuch, aber auch kurstragend benutzt werden können. Bedingt durch die Konzeption, dass in die Übungsblätter auch hineingeschrieben werden kann, liegt der Übungsschwerpunkt im schriftlichen Sprach-erwerb.

Sämtliche Bände sind auch für den Selbstunterricht geeignet.

Sag's besser! Teil 2
ISBN 3–19–007454–2
Lösungsschlüssel zu Sag's besser! Teil 1 und 2
ISBN 3–19–017453–9

Dieses Werk folgt der seit dem 1. August 1998 gültigen Rechtschreib-reform. Ausnahmen bilden Texte, bei denen künstlerische, philologische oder lizenzrechtliche Gründe einer Änderung entgegenstehen.

3. 2. 1. | Die letzten Ziffern
2005 04 03 02 01 | bezeichnen Zahl und Jahr des Druckes.
Alle Drucke dieser Auflage können, da unverändert,
nebeneinander benutzt werden.
1. Auflage
© 2001 Max Hueber Verlag, D-85737 Ismaning
Umschlaggestaltung: Parzhuber & Partner, München
Druck und Bindung: Druckerei Schoder, Gersthofen
Printed in Germany
ISBN 3–19–007453–4
(früher erschienen im Verlag für Deutsch, ISBN 3-88532-655-8)

Vorwort

SAG'S BESSER ist ein Arbeitsbuch für fortgeschrittene Deutschlerner, denen die wichtigsten Grundlagen der deutschen Grammatik bekannt sind und die über einen entsprechenden Wortschatz verfügen.

Es entstand aus der Praxis des Deutschunterrichts mit Ausländern und wurde über lange Zeit mit Lernenden verschiedenster Muttersprachen erprobt. Das Arbeitsbuch wendet sich an Lerner der Mittelstufe und Sprachstudenten mit höherem Lernniveau. Im Vordergrund steht die Sicherheit im schriftlichen und mündlichen Ausdruck, vor allem die Fähigkeit, Sprechintentionen und Sachverhalte auf verschiedene Weise äußern und beschreiben zu können. Damit einher geht die Übung der hierfür notwendigen grammatischen Phänomene. Diesem Lernzielansatz gemäß sind die Kapitel, soweit es möglich war, nach sprachfunktionalen statt nach sprachstrukturellen Kriterien geordnet und benannt.

SAG'S BESSER stellt in Teil 1 die grammatischen Grundlagen für eine fortgeschrittene Beherrschung des Deutschen im schriftlichen und mündlichen Ausdruck bereit.
In Teil 2 werden diese Kenntnisse und Fertigkeiten erweitert, wobei Varianten der Ausdrucksfähigkeit und stilistischen Sicherheit besondere Aufmerksamkeit gewidmet wird. Gleichzeitig erhöht sich der Schwierigkeitsgrad der Aufgaben und der Wortschatz wird anspruchsvoller. Aufgaben mit gestuften Schwierigkeitsgraden finden sich auch innerhalb der zwei Teilbände und sind entsprechend gekennzeichnet.

Die Vielzahl der Übungen ermöglicht es, bestimmte Fertigkeitsbereiche im Laufe eines Kurses mehrmals zu behandeln, ohne eine einzelne Übung zweimal machen zu müssen.

Die Textgerüste am Ende jedes Teilbandes helfen dem Lernenden, größere sprachliche Einheiten zu formulieren, und fördern und fordern dadurch sein Sprachgefühl.
SAG'S BESSER kann unabhängig von und ergänzend zu jedem kurstragenden Lehrbuch der Mittelstufe eingesetzt werden. Es bietet dem Sprachlehrer, der anstatt eines Lehrbuchs lieber mit ständig wechselnden aktuellen Texten arbeitet, das notwendige Übungsmaterial für die unverzichtbare Spracharbeit.

Dank der optischen Gestaltung des Arbeitsbuchs lässt sich jede Aufgabe beliebig oft wiederholen, indem der bereits ausgefüllte Antwortenblock verdeckt wird. Jedem Teilband ist im Anhang ein Lösungsschlüssel beigefügt, so dass sich das Arbeitsbuch auch in besonderer Weise für das Selbststudium eignet.

Für K.

Inhaltsverzeichnis

Syntax

Hinweise für den Lernenden

1. Das sollten Sie aus der deutschen Grammatik schon kennen, wenn Sie mit diesem Buch arbeiten wollen:

starke und unregelmäßige Verben; Aktiv und Passiv; Konjunktiv II (Irrealis); Konjunktiv I (indirekte Rede); Deklination von Substantiven und Adjektiven; Bedeutung der wichtigsten Präpositionen; Nebensatz- und Hauptsatzkonjunktionen; Relativsätze; die Formen und die „objektive" Bedeutung der Modalverben.

2. Das ist Ihr Ziel:

Sie wollen die schriftliche Aufnahmeprüfung an einer deutschen Hochschule bestehen und beim Studium keine großen sprachlichen Schwierigkeiten haben.
Und / oder: Sie wollen in einem Beruf arbeiten, in dem Sie sichere Deutschkenntnisse brauchen.
Und / oder: Sie haben Freude an der Sprache und wollen Deutsch fast so gut wie ein Muttersprachler beherrschen.

3. Das lernen Sie mit Hilfe dieses Buches:

Sie festigen und vertiefen Ihre Grammatikkenntnisse. – Sie erweitern Ihren Wortschatz. – Sie erwerben größere Sicherheit im schriftlichen und mündlichen Ausdruck.

4. Das finden Sie in diesem Buch:

Wiederholungsübungen zur Grammatik der Grundstufe – Systematische Übungen zu den wichtigsten Bereichen der deutschen Grammatik auf fortgeschrittenem Niveau – Aufgaben zur Umformung von Ausdrücken, Einübung von Ausdrucksvarianten.

5. So lernen Sie mit diesem Buch:

Schreiben Sie die Lösungen zu den Übungen nicht sofort ins Arbeitsbuch, sondern notieren Sie sie zuerst auf einem Zettel. Verbessern Sie dann das Geschriebene (im Unterricht oder mit Hilfe des Lösungsschlüssels) und tragen Sie die richtige Lösung ins Buch ein. Sie müssen also die doppelte Arbeit machen und lernen aus Ihren Fehlern und durch die schriftliche Wiederholung.
Alle Übungen, die Sie gemacht haben, lassen sich beliebig oft wiederholen. Legen Sie einfach ein Blatt Papier auf die eingetragenen Lösungen und machen Sie die Übung noch einmal mündlich. Diese Wiederholung können Sie allein oder zusammen mit einem Partner machen.

Abkürzungen und Symbole

Pl.   Plural

+   (Reihung), *und*

○   Dieses Wort braucht bei der Antwort nicht verwendet zu werden

*   Anmerkung, Worterklärung

✖   Übung mit erhöhtem Schwierigkeitsgrad

→ →   Hinweis auf andere Übungen zum Thema

Morphologie

Übungen zu den Verben

1   Ein Märchenrätsel

In dem Text stehen mehrere Verben im Infinitiv in Großbuchstaben. Tragen Sie jeweils die Formen des Präteritums in die Kästchen ein. Die stark umrandeten Kästchen ergeben, von unten nach oben gelesen, ein deutsches Sprichwort. Überlegen Sie auch, wie das Märchen weitergehen könnte.

Es war einmal ein König. Einst ging er auf die Jagd und

FANGEN ein kleines Reh. Er trug es an seinen Hof. Dort |___|___|___|

WACHSEN es heran und alle hatten es sehr lieb. Einmal |___|___|___|___|

war der König gerade nicht zu Hause; da schlich eine Hexe

heimlich in den Stall und STEHLEN das Tier. Als der König |___|___|___|___|

davon erfuhr, SINKEN er ohnmächtig zu Boden. Mitten in |___|___|___|

der Nacht erwachte er. Er NEHMEN sein Pferd, |___|___|___|

WERFEN sich einen dunklen Mantel um und ritt zum See. |___|___| |___|

Plötzlich KOMMEN ihm ein alter Mann entgegen und |___|

LADEN ihn EIN, mit ihm in seine Höhle zu gehen. Der König |___|___| |___|___|

FRIEREN schrecklich, denn vom See her |___|___|___|

BLASEN ein eisiger Wind. In der Höhle |___|___| |___|___|

SEIN es still und warm. Im Herd |___|___|

BRENNEN ein Feuer und über dem Feuer |___|___|___| |___|___|___|

BRATEN ein großes Stück |___|___|___| |___|

Fleisch. Der König WERDEN müde. Er |___|___|___| |___|

BITTEN den Alten um eine Decke und schlief ein. Im Traum |___|___|

SEHEN er sein Rehlein. Es stand an einer Quelle und |___|___|

WASCHEN sich seine verweinten Augen. Die Tränen |___|___|___| |___|

FLIESSEN auf eine blaue Blume. Als der König daran |___|___|___| |___|___|___|

RIECHEN, schien es ihm, dass der Duft der Blume dem |___|___|___|

seines Rehleins GLEICHEN. Er bückte sich und |___|___|___| |___|

REIBEN sein Gesicht an der Blüte. |___|___|___|

Dann GRABEN er die Blume aus und |___|___| |___|

BINDEN sie an den Hals des Rehleins. |___|___|___|

Hinweise zu den folgenden Übungen

In den Übungen 2 – 7 und 9 – 15 sind aus den Satzgerüsten vollständige Sätze zu bilden. Dabei helfen Ihnen folgende Hinweise und Symbole:

1) Die Satzgerüste beginnen immer mit dem Subjekt; es ist jeweils kursiv gedruckt. An zweiter Stelle steht das Prädikat im Infinitiv.

   Beispiel: *Sonne* – scheinen   *Die Sonne scheint.*

2) Genitive stehen hinter dem Nomen in Klammern.

   Beispiel: *wir* – sehen – alt, Turm (Burg)

               Wir sehen (sahen usw.) den alten Turm der Burg.

3) Wenn das Satzgerüst mit einem Fragezeichen (?) oder Ausrufezeichen (!) beginnt, ist jeweils ein Frage- oder Ausrufesatz zu bilden.

   Beispiel: *? ihr* – wollen helfen – ich   *Wollt ihr mir helfen ?*
              ! du – lauter, sprechen   *Sprich lauter !*

4) Steht ein Verb im Infinitiv direkt bei einem Nomen, so ist das Partizip zu bilden. Die Form des Partizips geht aus dem Zusammenhang hervor.

   Beispiel: lachen, Kind   =   *das lachende Kind*
              bezahlen, Buch   =   *das bezahlte Buch*

5) Negationen werden durch das Zeichen (/) ausgedrückt. Dieses Zeichen steht jeweils hinter dem Wort, das negiert werden soll.

   Beispiel: *wir* – haben(/) – Zeit   *Wir haben keine Zeit.*
              Sabine – sich melden(/)   *Sabine meldet sich nicht.*

6) Temporalbestimmungen (heute, am Dienstag, jetzt usw.) und Modalbestimmungen (langsam, gern usw.) stehen in Klammern vor dem Verb.

   Beispiel: *ich* – (gestern) treffen – Freund   *Gestern traf ich meinen Freund.*
              Ursula – (wunderbar) kochen   *Ursula kocht wunderbar.*

Satzgerüste:
Starke und unregelmäßige Verben

2 Bilden Sie Aussagesätze, Fragesätze und Imperativsätze im Präsens.

1) *Höhe (Schränkchen)* – betragen – ein Meter
2) *rot, Plakat* – werben – neu, Waschmittel
3) *unser, Hund* – vergraben – Knochen (Pl.) – Garten
4) *Sohn (Musikant)* – (gut) blasen –Trompete
5) *Visum* – (ab, 3. Juni) gelten
6) *mancher* – (aus Not) stehlen
7) ? *ihr* – (warum) aufessen (/) – gut, Suppe
8) ? *du* – empfehlen – (welch-) Sprachkurs – Grieche
9) ? *du* – (heute) waschen – Haare
10) ? *du* – einladen – auch, jung, Portugiese
11) ! *du* – sich stechen(/) – Rosen
12) ! *du* – mitnehmen – Neffe – Reise
13) ! *du* – (bitte) unterbrechen(/) – ich
14) ! *du* – erschrecken(/) – hoch, Preis
15) ! *ihr* – vergessen(/) – Geschenke, Kinder
16) ! *du* – treten(/) – mein, schön, Blumen
17) ! *du* – helfen – alt, Frau
18) ! *du* – ansehen – Krimi – Fernsehen
19) ! *du* – verderben(/) – gut, Stimmung – wir
20) ! *du* – lesen – Artikel (Soziologe)
21) ! *du* – werfen – Münze – Automat

1) _____
2) _____
3) _____
4) _____
5) _____
6) _____
7) _____
8) _____
9) _____
10) _____
11) _____
12) _____
13) _____
14) _____
15) _____
16) _____
17) _____
18) _____
19) _____
20) _____
21) _____

3   Bilden Sie Sätze im Perfekt.

1) *Preise* – (letztes Jahr) (stark) sinken
2) *Mozart* – (36 Jahre) sterben
3) ? *Lehrling* – einwerfen – wichtig, Brief
4) ? *ihr* – begreifen – Funktionsweise (Motor)
5) ? *du* – schneiden – klein, Finger
6) ? *ihr* – sich streiten – (um) Geld
7) ? *ihr* – (warum) (so) erschrecken
8) *gestrig, Konzert* – gefallen(/) – Publikum
9) *reif, Apfel* – fallen – Baum
10) *Bild* – (noch nie) hängen – diese, Wand
11) ? *ihr* – (warum) aussteigen(/) – letzte, Station
12) ? *(welch-) Kind* – aufhaben – rot, Mütze
13) *Autoverkehr* – (letzte Jahre)(erheblich) zunehmen
14) *Schnur* – (Transport) (plötzlich) reißen
15) *mehrere, wichtig, Akten* – (bei Brand) verbrennen
16) *ich* – (noch nicht) dürfen besuchen – Kranker
17) ? *wer* – betrügen – ihr – (um) Geld
18) ? *ihr* – (genau) vergleichen – beide, Berichte
19) *Gäste* – (leider) (ganz, Abend) schweigen
20) *Dieb* – stehlen – Koffer – Reisender
21) ? *du* – sich bewerben – frei, Stelle

1) _____

2) _____

3) _____

4) _____

5) _____

6) _____

7) _____

8) _____

9) _____

10) _____

11) _____

12) _____

13) _____

14) _____

15) _____

16) _____

17) _____

18) _____

19) _____

20) _____

21) _____

4   Bilden Sie Sätze im Plusquamperfekt.

1) *eins* (Kinder) – lügen
2) *nichts* – übrig bleiben – gut, Kuchen
3) *Bauer* – (noch nie) sein – Ausland
4) *Mädchen* – tun – alles – Liebe
5) *Firma* – zusenden – Ware – Kunde
6) *Jüngster (Familie)* – werden – Koch
7) *Auto* – (über Nacht) verlieren – viel, Öl
8) *Kleine* – (nach, Bergtour) (sofort) einschlafen
9) *Brief* – (nie) ankommen – Empfänger
10) *Überraschung* – gelingen – Brüder
11) *manche* – sehen, kommen – Unglück
12) *(drei, deutsch) Journalisten* – fliegen – Sudan
13) *Kommissar* – ausdenken – schlau, Plan
14) *Schüler (Pl.)* – verbringen – ganz, Ferien – Bauernhof
15) *Bier* – fließen – frisch, Tischtuch
16) *Raimund* – (Jugend) mögen(/) – scharf, Essen
17) *Christine* – (hinunter) schwimmen – Fluss
18) *sie* – (nie) verzeihen – Verwandte (Pl.) (ihr Mann)
19) *Andreas* – bitten – Freund – Rat
20) *Polarforscher* – erfrieren – eisig, Kälte
21) *Alexander* – (Geburtstagsfeier) verderben – Magen

1) _____

2) _____

3) _____

4) _____

5) _____

6) _____

7) _____

8) _____

9) _____

10) _____

11) _____

12) _____

13) _____

14) _____

15) _____

16) _____

17) _____

18) _____

19) _____

20) _____

21) _____

5 Bilden Sie Sätze im Präteritum.

1) *Sonne* – (Dienstag) scheinen – ganz, Tag
2) *ältest-, Sohn* – heißen – (wie) Vater
3) *Hungersnot* – gegen Ende (Krieg) ausbrechen
4) *alt, König* – (sonntags) reiten – Ufer (See)
5) *Kinder (Bauer)* – aufwachsen – (bei) Tante
6) *Herr Häberle* – sich zwingen – (zu) Schweigen
7) *Frau Klein* – (zweimal, Woche) anrufen – Bekannter
8) *ich* – sich befinden – schwierig, Lage
9) *Theaterproben* – (früh, Nachmittag) beginnen
10) *Katze* – springen – niedrig, Mauer
11) *Susanne* – (früh, Morgen) verlassen – Hotel
12) *Tochter (Nachbar)* – (plötzlich) laufen – Straße
13) *Frau Altmann* – aufheben – alle, alt, Fotografien
14) *Fremder* – (richtig) aussprechen – Name
15) *Biene* – stechen – Soldat – Hand
16) *Patient* – (nach, Operation) wiegen – 65 kg
17) *ich* – kennen – blond, Student – vom Sehen
18) *Schüler* – voll schreiben – fünf, ganz, Blätter
19) *Bäcker* – schieben – Brot – heiß, Ofen
20) *schwarz, Taxi* – biegen – Ecke
21) *Wartende (Pl.)* – (ruhig) sich verhalten

1) _____
2) _____
3) _____
4) _____
5) _____
6) _____
7) _____
8) _____
9) _____
10) _____
11) _____
12) _____
13) _____
14) _____
15) _____
16) _____
17) _____
18) _____
19) _____
20) _____
21) _____

6 Bilden Sie Sätze im Präteritum.

1) *Kinder* – ausblasen – Kerzen, Weihnachtsbaum
2) *Ärztin* – (rasch) verbinden – bluten, Wunde
3) *Dagmar* – leihen – prima, Kochbuch – Freundin
4) *suchen, Brief* – liegen – (hinter) Schrank
5) *Maus* – verschwinden – hoch, Gras
6) *Grenzbeamte (Pl.)* – schießen – Luft
7) *neu, Reich* – entstehen – (aus) (beide) Staaten
8) *Hausmeister* – fahren – Wagen – Garage
9) *wir* – (Wochenende) fangen – Fische
10) *Unternehmen* – anbieten – Lehrstelle – Marianne
11) *Beate* – (während, Kur) (nur einmal, Tag) essen

12) *Onkel* – (früher) besitzen – einige, alt, Uhren
13) *Anton* – schlagen – Nagel – Hammer – Wand
14) *Doris* – (oft) vergessen – Schirm – Café
15) *Stunden, (bis) Rettung* – (quälend langsam) vergehen
16) *Diplomat* – (gegen Mittag) eintreffen – Iran
17) *Ellen* – (ganz, Morgen) singen – Schlager (Pl.)
18) *Geschäftsmann* – nennen – Kunde – Betrüger
19) *niemand* – erraten – Name (Komponist)
20) *wir* – anstoßen – (auf) Gesundheit (Jubilar)
21) *Maler* – streichen – Türen + Fenster

1) _____
2) _____
3) _____
4) _____
5) _____
6) _____
7) _____
8) _____
9) _____
10) _____
11) _____
12) _____
13) _____
14) _____
15) _____
16) _____
17) _____
18) _____
19) _____
20) _____
21) _____

7 Bilden Sie Sätze im Präteritum.

1) *Wind* – treiben – Ballon – Westen
2) *Brüder* – (nach, Essen) rennen – Schwimmbad
3) *General* – befehlen – sofortig, Abmarsch (Truppen)
4) *Peter* – (vor, Reise) verschließen – Haus + Garage
5) *Frau Sachs* – gewinnen – 5000 DM – Preisausschreiben
6) *Arzt* – messen – Temperatur (Kranker)
7) *Kleiner* – ziehen – Schwester – Haare
8) *Physiker* – beweisen – Hypothese (sein, Kollege)
9) *Arbeiter (Pl.)* – beladen – Anhänger – Ziegelsteine
10) *Kundin* – sich entscheiden – rot, Schal
11) *Maler* – schaffen – umfangreich, Werk
12) *Archäologe* – ausgraben – antik, Vasen – Insel
13) *(etwas) Unerwartetes* – (Abend) geschehen
14) *Sportler* – (auf einen Zug) austrinken – Becher
15) *Hund* – beißen – fliehen, Dieb – Bein
16) *Frau* – (aufmerksam) riechen – an, Gewürz
17) *Wohnung* – stinken – nach, verbrannt, Gummi
18) *Gäste* – genießen – ausgezeichnet, Nachspeise
19) *ich* – gießen – sauer, Wein – Spülbecken
20) *Urlauber (Pl.)* – fliehen – Hochwasser
21) *fangen, Raubtier* – fressen – nur roh, Fleisch

1) _____
2) _____
3) _____
4) _____
5) _____
6) _____
7) _____
8) _____
9) _____
10) _____
11) _____
12) _____
13) _____
14) _____
15) _____
16) _____
17) _____
18) _____
19) _____
20) _____
21) _____

8   Übungsliste der starken und unregelmäßigen Verben

Die folgende Liste enthält die Infinitivformen der wichtigsten starken und unregelmäßigen Verben. Bei ungebräuchlichen Grundformen ist eine Form mit Vorsilbe angegeben. Tragen Sie bei allen Verben die Formen des Präteritums und des Perfekts ein (und zwar in der 3. Person Singular). Die Formen des Präsens sind nur bei abweichenden Formen zu bilden. Hat ein Verb eine starke und eine schwache Form (z.B. *hängen*), so sind beide einzusetzen. Doppelformen beim Perfekt (*sein / haben*) sind ebenfalls zu vermerken.

Beispiel:

laufen	(er) läuft	lief	ist gelaufen
backen	_____	_____	_____
befehlen	_____	_____	_____
beginnen		_____	_____
beißen		_____	_____
betrügen		_____	_____
bewegen	1)	_____	_____
	2)	_____	_____
biegen		_____	_____
bieten		_____	_____
binden		_____	_____
bitten		_____	_____
blasen	_____	_____	_____
bleiben		_____	_____
braten	_____	_____	_____
brechen	_____	_____	_____
brennen		_____	_____
bringen		_____	_____
denken		_____	_____
dürfen	_____	_____	_____
empfehlen	_____	_____	_____
erschrecken	1) _____	_____	_____
	2) _____	_____	_____
essen	_____	_____	_____
fahren	_____	_____	_____
fallen	_____	_____	_____
fangen	_____	_____	_____
finden		_____	_____
fliegen		_____	_____

fliehen		_____	_____
fließen		_____	_____
fressen	_____	_____	_____
frieren		_____	_____
geben	_____	_____	_____
gehen		_____	_____
gelingen		_____	_____
gelten	_____	_____	_____
genießen		_____	_____
geschehen	_____	_____	_____
gewinnen		_____	_____
gießen		_____	_____
gleichen		_____	_____
graben	_____	_____	_____
greifen		_____	_____
haben	_____	_____	_____
halten	_____	_____	_____
hängen	1)	_____	_____
	2)	_____	_____
heben		_____	_____
heißen		_____	_____
helfen	_____	_____	_____
kennen		_____	_____
kommen		_____	_____
können	_____	_____	_____
laden	_____	_____	_____
lassen	_____	_____	_____
laufen	_____	_____	_____
leiden		_____	_____
leihen		_____	_____
lesen	_____	_____	_____
liegen		_____	_____
lügen		_____	_____
mahlen		_____	_____
meiden		_____	_____
messen	_____	_____	_____
mögen	_____	_____	_____

müssen	_____	_____	_____
nehmen	_____	_____	_____
nennen		_____	_____
raten	_____	_____	_____
reiben		_____	_____
reißen		_____	_____
reiten		_____	_____
rennen		_____	_____
riechen		_____	_____
ringen		_____	_____
rufen		_____	_____
schaffen	1)	_____	_____
	2)	_____	_____
scheiden		_____	_____
scheinen		_____	_____
schieben		_____	_____
schießen		_____	_____
schlafen	_____	_____	_____
schlagen	_____	_____	_____
schleichen		_____	_____
schließen		_____	_____
schneiden		_____	_____
schreiben		_____	_____
schreien		_____	_____
schweigen		_____	_____
schwimmen		_____	_____
schwinden		_____	_____
schwören		_____	_____
sehen	_____	_____	_____
sein	_____	_____	_____
senden	1)	_____	_____
	2)	_____	_____
singen		_____	_____
sinken		_____	_____
sitzen		_____	_____
spinnen		_____	_____
sprechen	_____	_____	_____
springen		_____	_____

stechen _____ _____ _____

stehen _____ _____

stehlen _____ _____ _____

steigen _____ _____

sterben _____ _____ _____

stinken _____ _____

stoßen _____ _____ _____

streichen _____ _____

streiten _____ _____

tragen _____ _____ _____

treffen _____ _____ _____

treiben _____ _____

treten _____ _____ _____

trinken _____ _____

tun _____ _____ _____

verderben _____ _____ _____

vergessen _____ _____ _____

verlieren _____ _____

verzeihen _____ _____

wachsen _____ _____ _____

wägen _____ _____

waschen _____ _____ _____

weichen _____ _____

weisen _____ _____

wenden 1) _____ _____

2) _____ _____

werben _____ _____ _____

werden _____ _____ _____

werfen _____ _____ _____

wiegen 1) _____ _____

2) _____ _____

wissen _____ _____ _____

ziehen _____ _____

zwingen _____ _____

Satzgerüste:
Verben mit Objekt

9 Verben mit Dativobjekt

Bilden Sie mit den folgenden Wörtern Sätze im Präteritum.

Beispiel: *wir* – zusehen – Fische   *Wir sahen den Fischen zu.*

1) *Spion* – folgen – britisch, Diplomat
2) *Hälfte (Geld)* – genügen – jung, Architekt
3) *Raumschiff* – sich nähern – unerforscht, Planet
4) *Bettler* – drohen – Kinder – mit, Stock
5) *niemand* – zuhören – langweilig, Redner
6) *alle, Anwesende* – zustimmen – Vorschlag
7) *Bernhard* – ähneln – älter, Bruder
8) *mein, Gesprächspartner* – ausweichen – direkt, Antwort
9) *unser, gut, Rat* – (leider, nicht mehr) nützen – er
10) *Projekt* – dienen – sozial, Zweck
11) ? *Sie* – (wie) können vertrauen – dieser, Mensch
12) *saftig, Braten* – (besonders) schmecken – Gäste
13) *gut, Witz* – (plötzlich) einfallen – ich
14) *Martin* – begegnen – alt, Bekannter – Weg, Bahnhof
15) *auch zweiter, Versuch* – misslingen – Hochspringer
16) *Junge* – widersprechen – Mutter
17) *König* – (vor, Tod) verzeihen – all seine, Feinde
18) *Esel* – wollen (/) gehorchen – Bauer
19) *Botschaftsgebäude* – gleichen – mittelalterlich, Schloss

1) _____
2) _____
3) _____
4) _____
5) _____
6) _____
7) _____
8) _____
9) _____
10) _____
11) _____
12) _____
13) _____
14) _____
15) _____
16) _____
17) _____
18) _____
19) _____

10 Verben mit Dativ- und Akkusativobjekt

Bilden Sie mit den folgenden Wörtern Sätze im Präteritum.

Beispiel: *Händler* – bringen – Ware – Kunde   *Der Händler brachte dem Kunden die Ware.*

1) *man* – leihen – Langlaufskier – Reisende (Pl.)
2) *Tante* – schenken – spanisch, Keramik – Brautpaar
3) *Reisebüro* – empfehlen – Hotel, Berge – Franzose
4) *Händler* – verkaufen – kitschig, Bild – Tourist
5) *Dichter* – vorlesen – früh, Gedichte – Zuhörer (Pl.)
6) *Regime* – erlauben – Ausreise – Schriftsteller
7) *Saal* – (Mitte Mai) übergeben (Passiv) – Öffentlichkeit
8) *ich* – sich merken – Nummer (Motorrad)
9) *Presse* – vorwerfen – Unfähigkeit – Minister
10) *man* – anbieten – ruhig, Zimmer – jung, Ire

11) *Birgit* – senden – Grüße, (aus) Italien – Kollege
12) *Gepäckträger* – abnehmen – Koffer – alt, Frau
13) *Aktentasche* – stehlen (Passiv) – Hotelgast
14) *Fabrik* – liefern – Ersatzteile, Radio – Kunde
15) *Schüler (Pl.)* – vorspielen – Sonate, Mozart – Eltern
16) *Präsident* – reichen – Hand – Preisträger
17) *Franziska* – mitteilen – neu, Anschrift – Institut
18) *Geschäftsmann* – schulden – hoch, Betrag – Bank
19) *Arzt* – überlassen – Entscheidung – Frau (Kranke)
20) *Firma* – schicken – Rechnung, 350 Mark – Fotograf

1) _____
2) _____
3) _____
4) _____
5) _____
6) _____
7) _____
8) _____
9) _____
10) _____
11) _____
12) _____
13) _____
14) _____
15) _____
16) _____
17) _____
18) _____
19) _____
20) _____

11–15   Verben mit Präpositionalobjekt

Bei den folgenden Sätzen steht zwischen Verb und Objekt eine Präposition. Bilden Sie die Sätze im Präteritum.

11

1) *Schüler (Pl.)* – sich freuen – baldig, Beginn (Ferien)
2) *Klaus* – helfen – Franzose – Übersetzung (Brief)
3) *Assistent* – sich vorbereiten – Tätigkeit, Uni Hamburg
4) *Johanna* – erinnern – Onkel – früher, Versprechen
5) *Redner* – bitten – lärmen, Zuhörer (Pl.) – Ruhe
6) *jung, Frau* – sich kümmern – krank, Vater
7) *Gast* – (traurig) denken – bevorstehen, Abreise
8) *Professor* – sich unterhalten – Student – Examen
9) *Minister* – sich ärgern – Schlamperei* (Behörde)
10) *Lehrer* – sich beschäftigen – Geschichte (Heimatdorf)
11) *Verkäuferin* – sich verlieben – neu, Briefträger
12) *Müllers* – sich wundern – plötzlich, Reichtum (Nachbar)
13) *Kind* – sich fürchten – Gespenster
14) *Kundin* – sich beklagen – schlecht, Qualität (Ware)
15) *Ärztin* – sich freuen – schnell, Gesundheit (Pastient)
16) *wir* – sich erkundigen – Beamter – Abfahrtszeiten
17) *Tante* – aufpassen – sechsjährig, Neffe
18) *diese, Inselgruppe* – (vor, Krieg) gehören – Japan
19) *Geräte* – bestehen – fest + beweglich, Teile
20) *Forscher* – sterben – selten, Tropenkrankheit

1) _____
2) _____
3) _____
4) _____
5) _____
6) _____
7) _____
8) _____
9) _____
10) _____
11) _____
12) _____
13) _____
14) _____
15) _____
16) _____
17) _____
18) _____
19) _____
20) _____

* Schlamperei, -en = Nachlässigkeit   → → 96

12 Verben mit Präpositionalobjekt

1) *flüchten, Räuber* – achten (/) – stark, Verkehr
2) *Berufstätige (Pl.)* – sich gewöhnen – verändert, Arbeitszeit
3) *Evelyn* – ausgeben – ganz, Geld – Süßigkeiten
4) *Kranke* – glauben – baldig, Entlassung
5) *Otto* – einladen – Freunde – zwanzigster, Geburtstag
6) *Arme (Pl.)* – hoffen – rasch, Besserung (Not)
7) *Politiker* – sich sehnen – Ruhe (Ferienwohnung)
8) *Ingenieur* – (ganz, Woche) warten – Lieferung (Automat)
9) *Zeitungen* – berichten – Ankunft (spanisch, König)
10) *schwer, Rotwein* – passen (/) – dieses, Essen
11) *Vertreter* – betrügen – Firma – hoch, Geldsumme
12) *Daniela* – beneiden – Freundin – neu, Kleid
13) *Herr Bauer* – zweifeln – Echtheit (Unterschrift)
14) *Stadtrat* – sich entscheiden – Abriss (baufällig, Brücke)
15) *Schauspielerin* – erkranken – fiebrig, Erkältung
16) *Touristen* – erschrecken – riesig, Elefant
17) *warm, Kleidung* – schützen – Bergsteiger – Kälte
18) *Mädchen* – sich vertiefen – alt, Märchenbuch
19) *Richard* – sich beschweren – Nachbar – laut, Musik
20) *Spaziergänger (Pl.)* – warnen (Passiv) – Betreten (Eis)
21) *Tuch* – riechen – frisch, Obst

1) _____
2) _____
3) _____
4) _____
5) _____
6) _____
7) _____
8) _____
9) _____
10) _____
11) _____
12) _____
13) _____
14) _____
15) _____
16) _____
17) _____
18) _____
19) _____
20) _____
21) _____

13 Verben mit Präpositionalobjekt

1) *viele* – sich interessieren – neuer, russisch, Geschichte
2) *Carola* – (langsam) sich erholen – anstrengend, Reise
3) *man* – gratulieren – Philosoph – achtzigste, Geburtstag
4) *Vertreter* – sich verabreden – Herr Wagner – vier Uhr
5) *Schüler* – sich bewerben – Post – Ferienjob
6) *Fachleute* – halten – Prof. Feld – ausgezeichnet, Biologe
7) *Regierung* – bestehen – sofortig, Abreise (Diplomat)
8) *Koch* – beginnen – Zubereitung (Hase)
9) *Zuhörer (Pl.)* – wollen(/) aufhören – Zwischenrufe
10) *Freunde* – sich entschließen – Reise, Türkei
11) *Tobias* – zählen – Beste (Pl.) (Klasse)
12) *Dieb* – sich verstecken – Polizei – Mauer
13) *Autofahrer* – danken – Mechaniker – schnell, Reparatur
14) *Hausbewohner (Pl.)* – leiden – ständig, Straßenlärm
15) *Fluggäste* – sich verabschieden – jung, Pilot
16) *Geschäftsmann* – sich trennen – langjährig, Partner
17) *Werner* – (sofort) eintreten – neu, Sportverein
18) *Firma* – sich entschuldigen – Kunde – lang, Lieferzeit
19) *Prinzessin* – erkennen – Prinz – königlich, Zepter
20) *Opfer (Pl.) (Überschwemmung)* – sich wenden – Rotes Kreuz
21) *ehrlich, Finder* – verzichten – Belohnung

1) _____
2) _____
3) _____
4) _____
5) _____
6) _____
7) _____
8) _____
9) _____
10) _____
11) _____
12) _____
13) _____
14) _____
15) _____
16) _____
17) _____
18) _____
19) _____
20) _____
21) _____

14 Verben mit Präpositionalobjekt

1) *Angeklagter* – (heftig) reagieren – Aussage (Zeuge)
2) *jung, Mann* – sich befreien – Einfluss (Freunde)
3) *Diktator* – zwingen – Volk – Gehorsam
4) *man* – raten – Abiturient – länger, Auslandsaufenthalt
5) *Parteien* – (spät, Abend) sich einigen – Kompromiss
6) *Kaiser Karl V.* – herrschen – groß, Reich
7) *er* – müssen sich konzentrieren – bevorstehen, Aufgaben
8) *Lied* – stammen – unbekannt, Komponist (17. Jahrhundert)
9) *zwei, Frauen* – streiten – klein, Kind – in Theaterstück
10) *Sekretärin* – teilnehmen – zweiwöchig, Fortbildungskurs
11) *Soße* – schmecken – griechisch, Wein
12) *Ärzte* – fürchten – Leben (Verunglückter)
13) *Solarenergie* – dienen – Erwärmung (Wasser)
14) *Richter* – verurteilen – Einbrecher – Freiheitsstrafe
15) *Historiker* – vergleichen – Römer (Pl.) – Griechen
16) *Schatzsucher* – sich verlassen – Angaben (alt, Seekarte)
17) *Bäcker* – (jeden Morgen) vorbeifahren – unser, Haus
18) *Mechaniker* – sich bemühen – rasch, Behebung (Schaden)
19) *Einwohner (Pl.)* – wählen – Max Huber – Bürgermeister
20) *Lehrer* – (nicht viel) halten – neu, Methode
21) *befragt, Student* – zögern – Antwort

1) _____
2) _____
3) _____
4) _____
5) _____
6) _____
7) _____
8) _____
9) _____
10) _____
11) _____
12) _____
13) _____
14) _____
15) _____
16) _____
17) _____
18) _____
19) _____
20) _____
21) _____

15 Verben mit Präpositionalobjekt

1) *viel, Menschen* – sich aufregen – staatlich, Maßnahmen
2) *Erfolg (Versuch)* – abhängen – Zuverlässigkeit (Computer)
3) *Gefangener* – nachdenken – traurig, Schicksal
4) *Verkäufer* – antworten(/) – Frage (klein, Junge)
5) *Funktion (neu, Automat)* – bestehen – Kontrolle (Geräte)
6) *Eltern* – sich Sorgen machen – nervös, Kind
7) *Freundin (Karla)* – sich begeistern – modern, Ballett
8) *Besucher* – staunen – Größe (Parkanlage)
9) *es* – ankommen – möglichst hoch, Punktzahl – bei, Spiel
10) *Material* – zerfallen – viel, klein, Teile
11) *Ärzte* – rechnen – Ausbreitung (Epidemie)
12) *Familie (Arbeitsloser)* – geraten – schwierig, Lage
13) *Frau Heil* – erwarten – Entschuldigung – Mitarbeiter (Pl.)
14) *Reporter* – fragen – Physiker – Aufgaben (Satellit)
15) *Gast* – (eilig) greifen – Schirm
16) *Landwirte* – klagen – schlecht, Ernte
17) *Patient* – leiden – schwer, Leberkrankheit
18) *er* – übersetzen – Gedichte – Polnisch, Deutsch
19) *beide, Freunde* – wetten – Kasten Bier
20) *Namen (Teilnehmer, Pl.)* – ordnen (Passiv) – Alphabet
21) *Wirtin* – sorgen – Wohl (spät, Gäste)

1) _____
2) _____
3) _____
4) _____
5) _____
6) _____
7) _____
8) _____
9) _____
10) _____
11) _____
12) _____
13) _____
14) _____
15) _____
16) _____
17) _____
18) _____
19) _____
20) _____
21) _____

16 Zwei Rätsel zu den Verben mit Präpositionalobjekt

In den folgenden Kästchenrätseln sind die Präpositionen zu ergänzen. Aus diesen Präpositionen ist ein Buchstabe in das Kästchen einzutragen. Die Zahl in Klammern zeigt an, um den wievielten Buchstaben es sich handelt (ü = UE). Liest man die Kästchen von unten nach oben, so ergeben sich zwei Begriffe aus dem Straßenverkehr.

Beispiel: UNTER (4) = E

Rätsel Nr. 1

1) Hitler wird oft ● Stalin verglichen. (3)

2) Meine Oma erschrickt ● Mäusen. (3)

3) Herr Ober, dieser Kaffee schmeckt ● Seife! (4)

4) Ordnen Sie die Studenten ihrem Alter ● ! (2)

5) Wir bestehen ● , dass ihr euch an den Kosten beteiligt. (6)

6) Marion gibt ihr ganzes Geld ● Bücher aus. (4)

7) Der Kurserfolg hängt ● ab, wie motiviert die Teilnehmer sind. (4)

8) Jedem Menschen fällt es schwer, sich ● seinem Besitz zu trennen. (1)

Lösung: _____

Rätsel Nr. 2

1) Was meinen Sie zu seinem Vorschlag? Ich halte nichts ● . (5)

2) Warum regen Sie sich eigentlich ● jede Kleinigkeit auf? (4)

3) Ich verlasse mich ● , dass die Übersetzung richtig ist. (6)

4) Passen Sie auf, dass sich Ihre Tochter nicht ● den Milchmann verliebt! (1)

5) Hast du dich schon ● ein Geschenk entschieden? (3)

6) Wie schützt man sich ● Ansteckung? (3)

7) Rechnen Sie nicht ● , dass Sie diesen Prozess gewinnen! (5)

8) Der Bau besteht ● Holz- und Metallteilen. (3)

9) Niemand zweifelt ● , dass du diese Prüfung schaffst. (4)

10) Man warnte ihn ● , das Boot zu benutzen. (5)

11) Erkundigen Sie sich ● der Post nach den Paketgebühren. (1)

12) Sie litt ● der lieblosen Atmosphäre der Schule. (4)

13) Ich rate dir ● Vorsicht. (1)

Lösung: _____

Aktiv und Passiv

17 Umformungen vom Aktiv ins Passiv

1) In dem Märchen frisst der Wolf die Großmutter.
2) Der Arzt verband den Verletzten.
3) Alle entlaufenen Pferde fing man wieder
   ein.
4) Leider gießt sie das Bäumchen zu wenig.
5) Weshalb verrät man ihren Namen nicht?
6) Fast hätte ihn ein Felsbrocken erschlagen.
7) Den Schmuck vergrub man im Garten.
8) An der Grenze hielt man den Wagen nicht
   an.
9) Den Brief las man ihnen nicht vor.
10) An einem Nachmittag schoss man zwan-
    zig Hasen.
11) Man brät das Fleisch nur kurz.
12) Hunde beißen oft Briefträger.
13) Dann reibt man die Platten mit einem
    feuchten Tuch ab.
14) Warum verbietet man brutale Filme
    nicht?
15) Um 6 Uhr befahl man den Angriff auf die
    Insel.
16) Man nahm seine Entschuldigung an.
17) Wann behebt man diese Panne?
18) Man bäckt gerade Brot.
19) Man vergleicht ihn oft mit Napoleon.
20) Wann vermisst man den Bauplatz?

1) _____
2) _____
3) _____
4) _____
5) _____
6) _____
7) _____
8) _____
9) _____
10) _____
11) _____
12) _____
13) _____
14) _____
15) _____
16) _____
17) _____
18) _____
19) _____
20) _____

18 Umformungen vom Passiv ins Aktiv

1) Uns wird nur selten geholfen.
2) Die Bücher werden ihm aus der Hand gerissen.
3) Oft wird er von ihr Willi genannt.
4) Rasch wurde ein Kollege gerufen.
5) Von wem wird die Zeitung gebracht?
6) An der Küste wird hauptsächlich Fisch gegessen.
7) Ihm wurde eine Woche Zeit gegeben.
8) Ihm wird die Kamera nur für den Urlaub geliehen.
9) Wird die Tante von euch zum Bahnhof gefahren?
10) Ich wurde um eine schnelle Antwort gebeten.
11) Seit dieser Zeit wird der Nachbar gemieden.
12) Die Abfälle werden vom Gärtner verbrannt.
13) Das Versprechen wurde von ihm gebrochen.
14) Die Flamme wurde vom Wind ausgeblasen.
15) Der Polizist wurde von einem Geschäftsmann bestochen.
16) Die Wette wurde von ihrem Bruder gewonnen.
17) Insgesamt wurden von dem Künstler 92 Gemälde geschaffen.
18) Der Wagen wurde von einem Soldaten beladen.
19) Von den Dieben wurden nur teure Uhren gestohlen.
20) Von dir wird viel gesprochen.
21) Den Touristen werden gute Weinlokale empfohlen.

1) _____
2) _____
3) _____
4) _____
5) _____
6) _____
7) _____
8) _____
9) _____
10) _____
11) _____
12) _____
13) _____
14) _____
15) _____
16) _____
17) _____
18) _____
19) _____
20) _____
21) _____

19 Aktiv-/Passiv-Umformungen mit Modalverben

Formen Sie die Sätze vom Aktiv ins Passiv um oder umgekehrt. Beachten Sie, dass die Modalverben *wollen* und *möchte* im Aktiv bei der Umformung ins Passiv zu *sollen* werden.

1) Man darf den Braten nur wenig salzen.
2) Den Brief musste man dreimal umschreiben.
3) Man möchte niemanden zwingen.
4) Beim Kartenspiel kann er nicht betrogen werden.
5) Man sollte Menschen nicht anschreien.
6) Man wollte kein Kind vergessen.
7) Dieses Gemüse sollte man klein schneiden.
8) Für dieses Konzert muss nicht geworben werden.
9) Demnächst soll die neue Oper eröffnet werden.
10) Diese Schere müsste man schleifen.
11) Es durfte keine Zeit verloren werden.
12) Das Auto konnte nicht angeschoben werden.
13) Zeitungen hatte man nicht senden dürfen.
14) Das Geheimnis konnte nicht länger verschwiegen werden.
15) Zwischen beiden Begriffen muss klar unterschieden werden.
16) Vielleicht kann man die Kosten weiter senken.
17) Die Rahmen müssen vom Maler zweimal gestrichen werden.
18) Dieses Plakat hätte nicht aufgehängt werden dürfen.
19) Solche Hüte werden im Frühling getragen.
20) Ihr dürft von niemandem gesehen werden.

1) _____
2) _____
3) _____
4) _____
5) _____
6) _____
7) _____
8) _____
9) _____
10) _____
11) _____
12) _____
13) _____
14) _____
15) _____
16) _____
17) _____
18) _____
19) _____
20) _____

Die Partizipien

20 Grundformen

Bilden Sie aus Verb und Nomen das Partizip Präsens und/oder das Partizip Perfekt. Sollten manche Ausdrücke Schwierigkeiten bereiten, so hilft es, wenn Sie vorher einen Relativsatz bilden.

Beispiele:	(sprechen) Vogel	ein Vogel, *der spricht*
		ein sprechender Vogel / sprechende Vögel
		der sprechende Vogel / die sprechenden Vögel
	(ziehen) Zahn	ein Zahn, *den man gezogen hat (der gezogen wurde)*
		ein gezogener Zahn / gezogene Zähne
		der gezogene Zahn / die gezogenen Zähne
	(kochen) Wasser	Wasser, *das kocht*
		kochendes Wasser / das kochende Wasser

a)
(passen) Kleid
(verschwinden) Ausweis
(stehlen) Münze
(schlafen) Mädchen
(untersuchen) Substanz
(einwerfen) Brief
(schweigen) Fremder
(gelingen) Versuch
(benutzen) Geschirr
(aufregen) Film
(gut erziehen) Hund
(werden) Mutter
(brennen) Zweig
(bestellen) Ware
(sich bewegen) Maschinenteil
(reiben) Käse
(blühen) Blume
(fliegen) Fisch
(gelten) Regel
(entlassen) Arbeiter
(gewinnen) Spiel
(verraten) Geheimnis
(ausschneiden) Artikel
(erwarten) Antwort
(füllen) Flasche
(versprechen) Belohnung
(frisch streichen) Wand
(sich streiten) Nachbarn
(bevorstehen) Gespräch

(anstecken) Krankheit
(leuchten) Stern
(vergessen) Tuch
(verlieren) Schlüssel
(fragen) Blick
(fehlen) Schraube
(beleidigen) Wort
(vergießen) Milch
(abwiegen) Paket
(versalzen) Suppe
(vorschlagen) Reise
(entdecken) Versteck
(bemalen) Blatt
(verbieten) Handlung
(drohen) Bewegung
(unterbrechen) Fahrt
(vertreiben) Volk
(folgen) Sendung
(mahlen) Kaffee
(drucken) Prospekt
(zunehmen) Lärm
(zerreißen) Hose
(verschieben) Termin
(senden) Konzert
(warten) Kunde
(öffnen) Schrank
(finden) Tasche
(verderben) Wurst
(überarbeiten) Plan

b)
(sinken) Schiff
(abfließen) Wasser
(sterben) König
(sich entwickeln) Industrie
(lieben) Frau
(sich ändern) Form
(fliehen) Affe

(sich spalten) Partei
(zufrieren) See
(sich betrinken) Gast
(schmelzen) Fett
(landen) Flugzeug
(zerfallen) Reich
(eintreten) Besucher

Umwandlung einfacher Relativsätze

Formen Sie die Relativsätze in Partizipien um.

Beispiel: Ein Getränk, das wärmt …   Ein *wärmendes* Getränk …

21

1) Die Spannungen, die sich verschärften, …
2) Alle Kisten, die man ablud, …
3) Die Temperatur von Wasser, das kocht, …
4) Keine Tatsachen, die erschrecken, …
5) Einige Aufführungen, die enttäuscht haben, …
6) Keine Entschuldigung, die überzeugte, …
7) Schirme, die vertauscht worden waren, …
8) Wegen der Müllbeseitigung, die sich verteuert, …
9) Alle deutschen Vereine, die aufgezählt wurden, …
10) Die Namen der Bergleute, die man retten konnte, …
11) In dem Hotel, das brannte, …
12) Die Argumente, die sich widersprachen, …
13) Die Freude über den Sprung, der gelang, …
14) In der Wohnung der Frau, die man angeklagt hatte, …
15) Welche Menschen, die verletzt wurden, …
16) Vier der Neonröhren, die eingeschaltet worden waren, …
17) Ein Großteil der Gebühren, die man gesenkt hatte, …
18) Die Teilnahme an dem Kurs, den man anbietet, …
19) Der historische Wert der Dokumente, die fehlen, …
20) Eine Diskussion, die nicht enden will, …
21) Viele Menschen, die zu Alkoholikern wurden, …

1) _____
2) _____
3) _____
4) _____
5) _____
6) _____
7) _____
8) _____
9) _____
10) _____
11) _____
12) _____
13) _____
14) _____
15) _____
16) _____
17) _____
18) _____
19) _____
20) _____
21) _____

22 Umwandlung einfacher Relativsätze

1) Das Schicksal der Menschen , die man vermisste, …
2) Die Aufregung um das Kind, das schrie, …
3) Neben der Maschine, die pfiff, …
4) Wegen der Aktionen, die man befahl, …
5) Die Höhe des Gewinns, den man sich erhofft hatte, …
6) Ein Bewohner des Hauses, das man durchsuchte, …
7) Der Bedarf an Ersatzteilen, die passen, …
8) Im Gesicht des Mannes, der schlief, …
9) Meine Freunde, die sich versammelt haben, …
10) Der Ärger über manche Bilder, die man ausstellte, …
11) Die Stimme des Mädchens, das um etwas bat, …
12) Die Farbe der Vorhänge, die man wusch, …
13) Die Wiederholung des Experiments, das misslang, …
14) Der Mangel an Prospekten, die man gedruckt hat, …
15) Die Ursache der Tendenz, die abnimmt, …
16) Der Verkauf von Kleidungsstücken, die gebraucht sind, …
17) Die Fortsetzung der Sitzung, die man unterbrochen hat,…
18) Die Veranstaltungen des Semesters, das jetzt kommt, …
19) Die silbernen Strahlen des Mondes, der aufging, …
20) Man genoss die Ruhe, die wohl tat.
21) Die Familie sammelte sich um den Mann , der starb.

1) _____
2) _____
3) _____
4) _____
5) _____
6) _____
7) _____
8) _____
9) _____
10) _____
11) _____
12) _____
13) _____
14) _____
15) _____
16) _____
17) _____
18) _____
19) _____
20) _____
21) _____

Umwandlung erweiterter Relativsätze

Achten Sie beim Umformen auf die Wortstellung; das Partizip steht ähnlich wie im erweiterten Relativsatz am Schluss, d.h. nach allen anderen Informationen (Ort, Zeit, Person usw.).

Beispiel: Der Zug, der über die Brücke fährt,... Der *über die Brücke fahrende* Zug
            1   2   3   4   1   2   3   4

23

1) Die Hölzer, die im Fluss schwammen, ...
2) Die Ansprache, die der Rundfunk übertrug, ...
3) Alle Zweige, die die Kinder abbrachen, ...
4) Das Alter der Skelette, die man kürzlich ausgrub,..
5) Das Volk, das ein Diktator belügt, ...
6) Der Fuchs, den ein Auto überfuhr, ...
7) Keine der Lampen, die über dem Tisch hingen, ...
8) Das Kabel, das die beiden Geräte verband, ...
9) Der Ärger über Treffen, die man ständig verschiebt,...
10) Viele Zeitschriften, die sich der Student ausleiht, ...
11) Von den Münzen, die in der Schublade lagen, ...
12) Zu den Politikern, die man häufig nennt, gehören ...
13) Die Soße, die nach Paprika roch, ...
14) Ein paar Kunstwerke, die der Bildhauer schuf, ...
15) Der Einbrecher, der auf seine Verfolger schoss, ...
16) Andere Kompromisse, die der Abgeordnete vorschlug, ...
17) Die Tropfen, die der Arzt verschreibt, ...
18) Aus dem Keller drang Rauch, der in die Augen biß, ...
19) Die Diskussion, die die Opposition erzwang, ...
20) Die CO-Konzentration, die man in Abgasen maß, ...

1) _____
2) _____
3) _____
4) _____
5) _____
6) _____
7) _____
8) _____
9) _____
10) _____
11) _____
12) _____
13) _____
14) _____
15) _____
16) _____
17) _____
18) _____
19) _____
20) _____

24 Umwandlung erweiterter Relativsätze

1) Die Grenzlinie, die in der Mitte des Tales verläuft, …
2) Die Mädchen, die beim Rockkonzert ohnmächtig wurden, …
3) Wegen der Aufgaben, die ständig schwieriger werden, …
4) Der 48-jährige Schriftsteller, der in Frankfurt lebt, …
5) Der Radfahrer, den mehrere Wespen stachen, …
6) Die Kinder, die in dem eiskalten Wind froren, …
7) Ein Arzt, der zur Hilfeleistung verpflichtet ist, …
8) Der Alte, der auf einem Esel ritt, …
9) In das Versteck, das ein Soldat verriet, …
10) Mehrere Patienten, die an Krebs litten, …
11) Alle Personen, die man gerade aufgerufen hat, …
12) Das Schiff, das langsam am Horizont verschwand, …
13) Die Halle, die nach kaltem Rauch stank, …
14) Beide Medikamente, die der Chirurg erprobte, …
15) Der Schweiß, der über das Gesicht rann, …
16) Viele Deutsche, die früher in Russland waren, …
17) Das Spiel, das mit einem Unentschieden endete, …
18) Jeder Kandidat, der sich um das Amt bewirbt, …
19) Der Minister, den sein Staatssekretär vertritt, …
20) Die Bedeutung des Treffens, das die Presse verschwieg, …
21) Unter den Vögeln, die über die Felder flogen, …

1) _____
2) _____
3) _____
4) _____
5) _____
6) _____
7) _____
8) _____
9) _____
10) _____
11) _____
12) _____
13) _____
14) _____
15) _____
16) _____
17) _____
18) _____
19) _____
20) _____
21) _____

25 Bildung von Gerundiven

Formen Sie die Relativsätze in Gerundive um.

Beispiel: Die Tiere, die man beobachten kann (muss, soll) …
die man beobachten konnte (musste, sollte) …
die beobachtet werden können (müssen usw.) …   Die *zu beobach-*
die beobachtet werden konnten (mussten usw.), …   *tenden* Tiere, …
die sich beobachten lassen (ließen), …
die zu beobachten sind (waren), …

1) Alle Reparaturen, die der Elektriker durchführen muss,…

2) Trotz vieler Aufgaben, die wir erledigen müssen, …

3) Die Beträge, die eingespart werden können, …

4) Die Hindernisse, die die Pferde überwinden müssen, …

5) Ein Gegner, den man ernst nehmen muss, …

6) Schäden, die sich nur schwer beheben lassen, …

7) Die Gewebeproben, die man untersuchen muss, …

8) Einige der Stipendien, die zu vergeben sind, …

9) Die Missstände, die bekämpft werden müssen, …

10) Kennzeichnend für die Methode, die sich hier anwenden lässt, …

11) Soziale Veränderungen, die man nicht übersehen kann,…

12) Alle Artikel, die übersetzt werden müssen, …

13) Angebote, die man nicht verachten sollte, …

14) Nur Tendenzen, die sich graphisch darstellen lassen, …

15) Bei den Fällen, die als Nächstes zu bearbeiten sind, …

16) Sämtliche Teile, die zusammengesetzt werden können, …

17) Die Menge des Abfalls, der beseitigt werden muss, …

18) Eine neue Zahnpasta, die die Verbraucher testen sollen, …

1) _____
2) _____
3) _____
4) _____
5) _____
6) _____
7) _____
8) _____
9) _____
10) _____
11) _____
12) _____
13) _____
14) _____
15) _____
16) _____
17) _____
18) _____

Konjunktiv II

26 Einfache Sätze: *Ich würde alles anders machen.*

Bilden Sie Hauptsätze im Konjunktiv II. Verwenden Sie dabei Pronomen (*er, sie, es* usw.) und Pronominaladverbien (*darum, darüber* usw.).

| Beispiele: | Klara kümmert sich nicht um den Garten. | *Ich würde mich darum kümmern.* |
| | Sebastian kaufte das teure Gerät. | *Ich hätte es nicht gekauft.* |

1) Er begann erst spät mit der Arbeit.
2) Sie schrieb sich keine Namen auf.
3) Ute kann den Brief nicht übersetzen.
4) Er strich das Tor rot.
5) Man verbot ihm das Rauchen.
6) Er übersah die Ausfahrt nach Ulm.
7) Sie ist bei diesen Sachen viel zu oberflächlich. *(gründlich)*
8) Sie schlief bis zum Mittagessen.
9) Er stieß mit dem Kopf an.

10) Lotte nahm sich keinen Kuchen.
11) Heidi fuhr geradeaus. *(abbiegen)*
12) Er konnte es sich leisten.
13) Meine Eltern waren dagegen.
14) Alex wird sofort böse.
15) Ihr brannte der Braten an.
16) Rita wich der Frage aus.
17) Er darf das Auto benutzen.
18) Er griff in den Streit der beiden ein.
19) Edi hatte kein Bier im Haus.

1) _____
2) _____
3) _____
4) _____
5) _____
6) _____
7) _____
8) _____
9) _____
10) _____
11) _____
12) _____
13) _____
14) _____
15) _____
16) _____
17) _____
18) _____
19) _____

27   Irreale Bedingungssätze: *Was wäre, wenn ...?*

Bilden Sie irreale Bedingungssätze. Verwenden Sie dabei nach Möglichkeit Pronomen und vermeiden Sie Negationen.

Beispiele:	Es regnet; ihr müsst im Haus feiern. *(Sonne / im Freien)*
	Wenn die Sonne scheinen würde, könntet ihr im Freien feiern.
	(Würde die Sonne scheinen, (so / dann) könntet ...)

1) Christian arbeitete noch und musste im Büro bleiben. *(fertig / mitfahren)*
2) Wir sind unglücklich, weil es so viele Prüfungen gibt.
3) Ich hoffe, dass ihr alle einen Sitzplatz bekommt. *(schade sein/stehen müssen)*
4) Sein Lebenstraum erfüllte sich leider nicht, denn er wurde nicht Weltmeister.
5) Jutta blieb nur bis 6 Uhr und so konnte er mit ihr nicht mehr sprechen.
6) Anne stolperte; deshalb traf sie der Schneeball nicht.
7) Walter wird hoffentlich nicht krank, sonst kann unser Fest nicht stattfinden. *(wir, absagen)*

8) Lisa wurde nicht gefangen, weil sie sich versteckt hatte.
9) Mit bloßem Auge siehst du keine Rehe. *(Fernglas, haben)*
10) Er überlebte den Unfall nur, weil er auf dem Rücksitz saß. *(vorne / ums Leben kommen)*
11) Dank dem Stadtplan fand ich zu dem Museum. *(sich verlaufen)*
12) Das Fieber sank und wir brauchten keinen Arzt. *(steigen / rufen)*
13) Der Wagen stand im Freien und sprang nicht an. *(Garage)*

1) _____

2) _____

3) _____

4) _____

_____

5) _____

_____

6) _____

7) _____

8) _____

9) _____

10) _____

_____

11) _____

12) _____

13) _____

→ → 70 bis 72, 76

28 Irreale Wunschsätze: *Wenn ich nur könnte!*

Bilden Sie Wunschsätze und verwenden Sie dabei Pronomen. Bilden Sie die Vergangenheitsformen ohne die Konjunktion *wenn*.

| **Beispiele:** | Bernd hat wenig Zeit. | *Wenn er doch / nur mehr Zeit hätte!* |
| | Sandra fuhr nicht weg. | *Wäre sie doch / nur weggefahren!* |

1) Rainer blieb in der teuren Wohnung. _____

   (ausziehen) _____

2) Er tanzt so schlecht. _____

3) Sie briet den Fisch zu kurz. _____

4) Die Kleine isst zu wenig. _____

5) Seine Schwester spricht immer so laut. _____

6) Er ließ sich operieren. _____

7) Er wird ständig kritisiert. _____

8) Uta versuchte es nur zweimal. _____

9) Sie hat so viel zu tun. _____

10) Sie will einfach nicht. _____

11) Frau Thieme ist immer noch nicht fertig. _____

12) Der Chef hatte wenig Vertrauen in den _____

   Buchhalter. _____

13) Er wusch sich die Hände nicht. _____

14) Der Gast schenkte dem Kind keine _____

   Briefmarken. _____

15) Leider darf der Patient noch nicht auf- _____

   stehen. _____

16) Ich muss leider auch zu der Feier _____

   gehen. *(brauchen)* _____

17) Leider wurde nichts gefunden. _____

18) Sie ließ die Kerze brennen. *(ausblasen)* _____

19) Er trank Wasser aus dem See. _____

20) Leider hat die Bank schon zu. _____

21) Matthias schoss nur ein Tor. _____

22) Ich konnte leider nicht mit. _____

23) Zu unserem Bedauern sagte sie ab. _____

   (dabei sein) _____

24) Er starb viel zu früh. *(älter werden)* _____

29   Irreale Vergleichssätze: *Tu nicht so, als ob ...!*

Verbinden Sie die Sätze a – d mit dem darunter stehenden Hauptsatz. Bei Gleichzeitigkeit von Hauptsatz und Nebensatz steht der Konjunktiv II der Gegenwart; liegt die Handlung des Nebensatzes zeitlich früher, so steht die Vergangenheitsform des Konjunktivs II.

Beispiel:	a) Anna ist nicht reich. b) Sie hat nicht im Lotto gewonnen.

Beispiel: a) Anna ist nicht reich.   b) Sie hat nicht im Lotto gewonnen.

Sie gibt aber viel Geld aus,
a) als ob / als wenn sie reich wäre. / als wäre sie reich.
b) als ob /als wenn sie im Lotto gewonnen hätte. / als hätte sie im Lotto gewonnen.

1) a) Wolfgang ist kein Spanier.
b) Er war ein einziges Mal in Spanien.
c) Er lebte nie unter Spaniern.
d) Er hat nur einen Kurs besucht.

Aber er spricht Spanisch,

a) als ob _____

b) _____

c) _____

d) _____

2) a) Der Mann will die Straßenbahn nicht überholen.
b) Die Polizei ist nicht hinter ihm her.
c) Er muss nicht den letzten Zug erreichen.
d) Kein Tiger verfolgt ihn.

Er rennt aber die Straße entlang,

a) _____

b) _____

c) _____

d) _____

3) a) Monika hatte meine Frage ganz bestimmt erwartet.
b) In Wirklichkeit wusste sie die Antwort schon.
c) Wir sprachen nicht zum erstenmal darüber. *(nie)*
d) Sicher hatte sie den Namen schon oft gelesen. *(erstesmal)*

Sie schaute mich aber überrascht an,

a) _____

b) _____

c) _____

d) _____

Indirekte Rede

30–34   Erzählungen aus dem Orient

Formen Sie die folgenden Erzählungen in die indirekte Rede um.

30   Das Fest fiel ins Wasser* (nach Kristudas)

1) Ali und seine Frau wollten ein Fest im Dorf veranstalten.
2) Sie waren aber sehr arm.
3) Deshalb baten sie jeden Gast: „Bring bitte eine Flasche Wein mit!"
4) Bevor die Gäste in das Haus traten, schütteten sie ihren Wein in ein vorbereitetes Fass am Eingang.
5) Dann wurden sie zum Tisch geführt.
6) Ali füllte die Gläser mit dem mitgebrachten Wein.
7) Das Erstaunen war groß, als man zu trinken begann.
8) Die Gläser enthielten reines Wasser.
9) Sehr schnell begriff man, was geschehen war.
10) Jeder Gast hatte gedacht: „Meine Flasche Wasser wird bestimmt nicht auffallen, denn alle anderen bringen ja Wein."
11) Beschämt gingen die Gäste nach Hause.

Es wird erzählt,

1) Ali und seine Frau _____ ein Fest im Dorf _____ _____ .

2) Sie _____ aber sehr arm _____ .

3) Deshalb _____ sie jeden Gast _____ , _____

   _____ eine Flasche Wein _____ .

4) Bevor die Gäste in das Haus _____ _____ , _____ sie

   ihren Wein in ein vorbereitetes Fass am Eingang _____ .

5) Dann _____ sie zum Tisch _____ _____ .

6) Ali _____ die Gläser mit dem mitgebrachten Wein _____ .

7) Das Erstaunen _____ groß _____ , als man zu trinken

   _____ _____ .

8) Die Gläser _____ reines Wasser _____ .

9) Sehr schnell _____ man _____ , was _____ _____ .

10) Jeder Gast _____ _____ , _____ Flasche Wasser

    _____ bestimmt nicht _____ , denn alle anderen

    _____ ja Wein _____ .

11) Beschämt _____ die Gäste nach Hause _____ .

* ins Wasser fallen = nicht gelingen, nicht stattfinden (idiomatisch)

31 Der Seiltänzer (nach Lenfers)

1) In eine Stadt kam einmal ein Seiltänzer.
2) In schwindelnder Höhe wurde ein Seil gespannt.
3) Der Seiltänzer kletterte hinauf und führte seine Kunststücke vor.
4) Die Zuschauer waren begeistert und konnten sich nicht satt sehen.
5) Nun wartete man gespannt auf die Hauptattraktion.
6) Der Seiltänzer nahm eine Schubkarre und schob sie über das schwankende Seil.
7) Als er auf der anderen Seite angekommen war, fragte er die Zuschauer: „Traut ihr mir zu, dass ich die Karre wieder zurückschiebe?"
8) Ein vielstimmiges „Ja" antwortete ihm.
9) Dann fragte er eine Frau: „Hast du auch keine Angst, dass ich hinunterfalle?"
10) Sie schüttelte lachend den Kopf.
11) „Dann komme doch herauf und steige ein!", sagte der Akrobat.
12) „Ich will dich sicher hinüberfahren."

Es wird erzählt,

1) in eine Stadt _____ einmal ein Seiltänzer _____ .

2) In schwindelnder Höhe _____ ein Seil _____ _____ .

3) Der Seiltänzer _____ _____ und _____ seine

Kunststücke _____ .

4) Die Zuschauer _____ begeistert _____ und _____

sich nicht _____ _____ .

5) Nun _____ man gespannt auf die Hauptattraktion _____ .

6) Der Seiltänzer _____ eine Schubkarre _____ und sie über das

schwankende Seil _____ .

7) Als er auf der anderen Seite _____ _____ , _____ er

die Zuschauer _____ , _____ _____ _____ _____ , dass

er die Karre wieder _____ .

8) Ein vielstimmiges „Ja" _____ ihm _____ .

9) Dann _____ er eine Frau_____ , _____ _____ auch keine

Angst _____ , dass _____ _____ .

10) Sie _____ lachend den Kopf _____ .

11) Dann _____ _____ doch _____ und

_____ , _____ der Akrobat_____ .

12) _____ _____ _____ sicher _____ .

32 *Der verständnisvolle König (nach Auerbach)*

1) König Salomo verstand die Sprache der Vögel.
2) Eines Morgens wollte er seinen neuerbauten Tempel betrachten und trat ans Fenster.
3) Da bemerkte er auf dem Dach zwei Sperlinge*.
4) Der eine sagte zum anderen: „Der König Salomo ist so stolz, dass er sich diesen Tempel erbaut hat.
5) Wenn ich kleiner Sperling aber mit meinem linken Fuß dreimal fest auftrete, kann ich das ganze Gebäude zertrümmern."
6) Der andere Sperling war ganz erstaunt und blickte ihn bewundernd an.
7) König Salomo pfiff den Prahler zu sich und fragte ihn: „Wie kannst du so frech lügen?"
8) Der Sperling antwortete: „Nimm es mir nicht übel, lieber König.
9) Der andere Sperling ist meine Frau und du weißt, dass man sich vor Frauen gern etwas groß macht."
10) König Salomo gab ihm Recht und der Sperling flog zurück zum Dach.
11) Dort erzählte er seiner Frau: „Ich versprach dem König hoch und heilig, dass ich nie von meiner Macht Gebrauch machen werde."

Es wird erzählt,

1) König Salomo _____ die Sprache der Vögel _____ .

2) Eines Morgens _____ er seinen neuerbauten Tempel _____

_____ und _____ ans Fenster _____ .

3) Da _____ er auf dem Dach zwei Sperlinge _____ .

4) Der eine _____ zum anderen _____ , der König Salomo _____

so stolz, dass er sich diesen Tempel _____ _____ .

5) Wenn _____ kleiner Sperling aber mit _____ linken Fuß dreimal fest

_____ , _____ _____ das ganze Gebäude zertrümmern.

6) Der andere Sperling _____ ganz erstaunt _____ und

_____ ihn bewundernd _____ .

7) König Salomo _____ den Prahler zu sich _____ und ihn

_____ , wie _____ so frech lügen _____ .

8) Der Sperling _____ _____ , der König _____ es

_____ nicht _____ .

9) Der andere Sperling _____ _____ Frau und der König _____ ,

dass man sich vor Frauen gern etwas groß_____ .

10) König Salomo _____ ihm _____ _____ und der Sperling

_____ zurück zum Dach _____ .

11) Dort _____ er seiner Frau _____ , _____ _____ dem König hoch

und heilig _____ , dass _____ nie von_____ Macht Gebrauch

_____ _____ .

* Sperling, -e = Spatz (kleiner Stadtvogel)

33 Eine Lehre

1) Ein Dieb schlich einmal in den Hof eines Mannes, denn er wollte ein Pferd stehlen.

2) Man sah ihn aber kommen und nahm ihn gefangen.

3) Da fragte ihn der Besitzer des Pferdes: „Kannst du mir die Kunst zeigen, wie man ein Pferd stiehlt?

4) Wenn ich es von dir lerne, wirst du freigelassen."

5) Der Dieb war einverstanden und wurde von seinen Fesseln befreit.

6) Nun trat er an das Pferd heran und löste den Strick an dessen Füßen.

7) Dann rief er laut: „Seht alle zu mir!"

8) Rasch sprang er auf das Pferd, trieb es an und verschwand um die Ecke.

9) Obwohl ihn mehrere Männer verfolgten, gelang es keinem, ihn zu fangen.

Es wird erzählt,

1) ein Dieb _____ einmal in den Hof eines Mannes _____ , denn er

_____ ein Pferd _____ _____ .

2) Man _____ ihn aber _____ _____ und _____

_____ .

3) Da _____ ihn der Besitzer des Pferdes _____ , _____

_____ _____ die Kunst _____ _____ , wie man ein Pferd _____ .

4) Wenn _____ _____ von _____ _____ , _____

_____ _____ freigelassen.

5) Der Dieb _____ einverstanden _____ und von seinen Fesseln

_____ _____ .

6) Nun _____ er an das Pferd _____ und _____

den Strick an dessen Füßen _____ .

7) Dann _____ er laut _____ , alle _____

zu _____ _____ .

8) Rasch _____ er auf das Pferd _____ , _____ es

_____ und _____ um die Ecke _____ .

9) Obwohl ihn mehrere Männer _____ _____ , _____ es

keinem _____ , ihn zu fangen.

34 Die drei Wetten

1) Eines Tages sah der König vor seinem Palast einen Mann mit einem Huhn stehen.
2) Er ließ ihn zu sich kommen und fragte ihn: „Möchtest du mir das Huhn verkaufen?"
3) Der Mann antwortete: „Ich habe in Eurem* Namen gewettet und für Euch dieses Huhn gewonnen."
4) Drei Tage später erschien der Mann mit einem Schaf.
5) Er übergab es dem König mit den Worten: „Ich schenke es Euch, denn ich habe wiederum eine Wette gewonnen."
6) Am übernächsten Tag kam der Mann mit leeren Händen, aber in Begleitung eines zweiten Mannes.
7) Die beiden wurden in den Palast geführt.
8) Der König fragte: „Habt ihr mir nichts mitgebracht?"
9) Der Mann erwiderte: „Ich habe mit meinem Begleiter in Eurem Namen 2000 Rupien verloren.
10) Nun komme ich zu Euch und bitte um das Geld."
11) Da schenkte ihm der König die Summe und sagte lächelnd: „Spiele nie wieder in meinem Namen!
12) Von heute an musst du die Folgen deiner Wetten selbst tragen."

Es wird erzählt,

1) der König _____ eines Tages vor seinem Palast einen Mann mit einem Huhn

_____ _____ .

2) Er _____ ihn zu sich _____ _____ und ihn _____ ,

_____ _____ _____ das Huhn verkaufen _____ .

3) Der Mann _____ _____ , _____ _____

im Namen des Königs _____ und für _____ das Huhn

_____ .

4) Drei Tage später _____ der Mann mit einem Schaf _____ .

5) Er _____ es dem König mit den Worten _____ , _____

_____ es _____ , denn _____ _____ wiederum

eine Wette _____ .

6) Am übernächsten Tag _____ der Mann mit leeren Händen, aber in Begleitung eines

zweiten Mannes _____ .

7) Die beiden _____ in den Palast _____ _____ .

8) Der König _____ _____ , _____ _____

_____ nichts mitgebracht _____ .

9) Der Mann _____ _____ , _____ _____ mit

_____ Begleiter im Namen des Königs 2000 Rupien _____ .

10) Nun _____ _____ zum _____ und _____ um das Geld.

11) Da _____ ihm der König die Summe _____ und lächelnd

_____ , _____ _____ nie wieder in _____ Namen _____ .

12) Von _____ Tag an _____ _____ die Folgen

_____ Wetten selbst tragen.

* in Eurem Namen = alte Anrede (heute durch „Sie" ersetzt)

47

35–39 Fünf Fabeln

Formen Sie die folgenden Fabeln in die indirekte Rede um. Beginnen Sie die Umformung mit „*Es wird erzählt, …*" oder „*In alten Büchern liest man, …*" Beachten Sie, dass die Konjunktion *dass* nach Verben des Sagens *(sagen, erzählen usw.)* entfallen kann. Bearbeiten Sie diese Texte bitte mündlich.

35   Der Fuchs und der Storch (nach H.Sachs)

Einmal lud der Fuchs den Storch zum Essen ein. Der Storch freute sich über die Einladung und erschien zur vereinbarten Zeit. Doch die Enttäuschung des Gastes war sehr groß, denn der Fuchs servierte alle Speisen auf flachen Tellern. Der Gastgeber aß mit großem Appetit; der Storch dagegen konnte mit seinem spitzen Schnabel nur wenige Brocken nehmen und ging hungrig wieder nach Hause. Einige Zeit später begegneten sich die beiden wieder. Der Storch wollte sich für die erlittene Beleidigung rächen und sagte zum Fuchs: „Komm doch morgen zu mir zum Essen!" Der Fuchs folgte der Einladung gern. Als jedoch das Essen aufgetragen wurde, ahnte er, dass diesmal er selbst hungrig bleiben würde. Alle Speisen befanden sich nämlich in hohen, engen Gefäßen.

36   Das Tischgebet (nach Montanus)

Ein hungriger Fuchs schlich einmal durch den Wald und sah ein junges Eichhörnchen von Ast zu Ast springen. Aus Erfahrung wusste er, dass sich diese Tiere nur durch eine List fangen lassen. Da sagte er zu ihm: „Gib nicht so an! Dein Vater war ein besserer Springer. Der musste beim Springen nicht einmal die Augen öffnen!" Daraufhin schloss das Eichhörnchen die Augen, sprang los, verfehlte aber den Ast und stürzte auf die Erde, direkt vor die Nase des Fuchses. Der packte es mit den Pfoten, aber bevor er es verschlingen konnte, sagte das Eichhörnchen vorwurfsvoll: „Weißt du auch, dass die Füchse früher viel besser erzogen waren als du? Bevor man zu fressen begann, wurde gebetet!" Der Fuchs erwiderte: „Was mein Vater getan hat, will auch ich machen." Er legte seine Beute auf den Waldboden und fing zu beten an. Als er fertig war, wollte er das Eichhörnchen in aller Ruhe fressen, doch dieses saß längst auf einem Baum und verspottete den Fuchs. Der Fuchs sagte verärgert zum Eichhörnchen: „Wenn ich dich noch einmal erwische, werde ich dich zuerst fressen. Gott dem Herrn kann ich auch nach der Mahlzeit danken."

37   Der Hase und die Schildkröte

Einmal verspottete der Hase die Schildkröte wegen ihrer Langsamkeit. Diese ließ sich ihren Ärger aber nicht anmerken, sondern machte dem Hasen den Vorschlag: „Laufen wir doch um die Wette!" Der Hase stimmte freudig zu, denn er war sich seines Sieges sicher. Es wurde ein Ziel bestimmt und der Wettlauf begann. Der Hase rannte sofort los; die Schildkröte, die sich nicht so schnell bewegen konnte, folgte langsam. Um die Schildkröte weiter zu ärgern, legte sich der Hase am Ende der Strecke ins Gras. Er wollte dort auf sie warten und vor ihrer Nase ins Ziel laufen. Doch aus dem Plan wurde nichts. Der Hase schlief ein und merkte nicht, dass die Schildkröte an ihm vorbei ins Ziel kroch.

38 Der durstige Esel (nach Pauli)

Einst hatte ein Mann einen Esel. Als dieser einmal sehr durstig war, bat er seinen Herrn: „Führe mich zu einem Brunnen!" Die beiden begaben sich zu einer Quelle. Der Esel trank lange, doch als sein Durst gelöscht war, wollte er heimgehen. Erstaunt fragte ihn der Mann: „Möchtest du nichts mehr trinken?" Der Esel schüttelte den Kopf und ging langsam zum Dorf zurück. Da wurde der Mann sehr nachdenklich. „Ein Tier hört auf, wenn es genug hat", dachte er. „Ich aber lasse mich von meinen Freunden immer wieder verleiten weiterzutrinken, auch wenn ich nicht mehr trinken will."

39 Der Bauer und der Esel

Einst herrschte Krieg im Land. Der Feind kam immer näher und der Bauer wollte seinen Hof verlassen. Er sagte zu seinem Esel: „Geh mit mir, bevor du dem Feind in die Hände fällst!" Unterwegs fragte ihn der Esel: „Muss ich denn beim Feind mehr Säcke tragen als jetzt?" Der Bauer schaute ihn verwundert an und antwortete: „Ich glaube nicht, denn dann würdest du ja zusammenbrechen." Da blieb der Esel stehen und sagte: „Ich sehe nicht ein, warum ich mit dir gehen soll, wenn ein Esel hier wie dort die gleiche Arbeit tun muss."

40 Die Ansprache des Präsidenten nach der Wahl

1) „Ich bin vom Volk gewählt worden und freue mich über meinen Sieg.
2) Ich bin dankbar, dass man mir die Chance gibt, das Land aus der Krise herauszuführen.
3) Die letzte Regierung konnte ihre Chance nicht nutzen.
4) Die Lage war noch nie so ernst.
5) Die Zeit ist reif für eine Wende.
6) Es durfte einfach nicht so weitergehen.
7) Denken Sie nur an die Politik von Präsident Kohler!
8) Ich sah das alles schon lange kommen.
9) Leider konnten die Probleme in der Vergangenheit nicht überwunden werden, obwohl sie schon sehr alt sind.
10) Schon vor zehn Jahren kannte man sie.
11) Immer wieder forderte ich einen Kurswechsel und wurde deshalb dauernd angegriffen.
12) Meine politischen Gegner wollen einfach nicht aus der Geschichte lernen.
13) Meine Politik dient dem Frieden und ist die einzig mögliche Politik.
14) Die Opposition kann das nicht verstehen.
15) Ich erinnere mich sehr gut, dass sie das noch nie verstehen konnte.
16) Ich frage mich: Kann es da eine Alternative geben?
17) Meine Wähler wissen, dass es keine gibt.
18) Deshalb wurde ich auch Präsident.
19) Ich möchte aber nicht von Vergangenem sprechen.
20) Man muss vorwärts blicken.
21) Ich verspreche, dass die notwendigen Reformen auf allen Gebieten bald durchgeführt werden.
22) Zwar darf sich kein Bürger Illusionen machen, aber zu Pessimismus besteht nicht der geringste Grund.
23) Liebe Bürger, bauen wir gemeinsam an einer neuen Zukunft!"

In seiner Rede sagte der Präsident,

1) _____ _____ vom Volk _____ _____ und _____

_____ über _____ Sieg.

2) Er _____ dankbar, dass man _____ die Chance _____ , das Land aus

der Krise herauszuführen.

3) Die letzte Regierung _____ ihre Chance nicht _____ _____ .

4) Die Lage _____ noch nie so ernst _____.

5) Die Zeit _____ reif für eine Wende.

6) Es _____ einfach nicht so _____ _____ .

7) Man _____ nur an die Politik von Präsident Kohler _____ .

8) _____ _____ das alles schon lange _____ _____ .

9) Leider _____ die Probleme in der Vergangenheit nicht _____

_____ _____ , obwohl sie schon sehr alt _____ .

10) Schon vor zehn Jahren _____ man sie _____ .

11) Immer wieder _____ _____ einen Kurswechsel _____ und

_____ deshalb dauernd _____ _____ .

12) Seine politischen Gegner _____ _____ nicht aus der Geschichte

_____ .

13) _____ Politik _____ dem Frieden und _____ die einzig mögliche Politik.

14) Die Opposition _____ das nicht _____ .

15) _____ _____ _____ sehr gut, dass sie das noch nie

_____ _____ _____ .

16) _____ _____ _____ , _____ es da eine Alternative

_____ _____ .

17) _____ Wähler _____ , dass es keine _____ .

18) Deshalb _____ _____ auch Präsident _____ .

19) _____ _____ aber nicht von Vergangenem _____ .

20) Man _____ vorwärts _____ .

21) _____ _____ , dass die notwendigen Reformen auf allen Gebieten bald

_____ _____ .

22) Zwar _____ sich kein Bürger Illusionen _____ , aber zu Pessi-

mismus _____ nicht der geringste Grund.

23) Der Präsident forderte die Bürger auf, sie _____ gemeinsam

an einer neuen Zukunft bauen.

Adjektive, Nomen und Partikel

41 Regeln und Übungsliste zur Adjektivdeklination

Singular

Typ A	maskulin	feminin	neutral
Nominativ	der hohe Baum	die weiße Wand	das kleine Tier
Genitiv	des hohen Baums	der weißen Wand	des kleinen Tiers
Dativ	dem hohen Baum	der weißen Wand	dem kleinen Tier
Akkusativ	den hohen Baum	die weiße Wand	das kleine Tier

Ebenso nach: *dies-, jen-, jed-, manch-, welch-, d-jenige, d-selbe, folgend-.*

Typ B	maskulin	feminin	neutral
Nominativ	ein hoher Baum	eine weiße Wand	ein kleines Tier
Genitiv	eines hohen Baums	einer weißen Wand	eines kleinen Tiers
Dativ	einem hohen Baum	einer weißen Wand	einem kleinen Tier
Akkusativ	einen hohen Baum	eine weiße Wand	ein kleines Tier

Ebenso nach: Possessivpronomen *(mein-, dein-* usw.*), kein-, irgendein-.*

Typ C		maskulin	feminin	neutral
Nominativ		alter Wein	frische Milch	helles Bier
Genitiv	(der Geschmack)	alten Weins	frischer Milch	hellen Biers
Dativ		altem Wein	frischer Milch	hellem Bier
Akkusativ		alten Wein	frische Milch	helles Bier

Ebenso nach: Vorangestelltem Genitiv *(Evas roter Mantel), dessen, wessen, manch, solch, welch,* Personalpronomen *(Du lieber Himmel!); allerlei, mancherlei, etwas, genug, mehr, viel, wenig, nichts* und substantivierten Adjektiven *(nichts Gutes).*

Plural

Typ A	maskulin	feminin	neutral
Nominativ	die hohen Bäume	die weißen Wände	die kleinen Tiere
Genitiv	der hohen Bäume	der weißen Wände	der kleinen Tiere
Dativ	den hohen Bäumen	den weißen Wänden	den kleinen Tieren
Akkusativ	die hohen Bäume	die weißen Wände	die kleinen Tiere

Ebenso nach: *diese, jene, alle, manche*[*]*, solche, welche, d-jenigen, d-selben, beide*[*]*, sämtliche*[*]*, irgendwelche;* Possessivpronomen *(meine, deine* usw.*), keine;* Personalpronomen *(„Ihr lieben Freunde!").*

Typ B	maskulin	feminin	neutral
Nominativ	hohe Bäume	weiße Wände	kleine Tiere
Genitiv	hoher Bäume	weißer Wände	kleiner Tiere
Dativ	hohen Bäumen	weißen Wänden	kleinen Tieren
Akkusativ	hohe Bäume	weiße Wände	kleine Tiere

Ebenso nach: Zahlwörtern; *andere, einige, ein paar, mehrere, folgende, viele, wenige, zahlreiche, zahllose, etliche; dessen, wessen, manch, solch, welch, all, sämtliche*[*]*, beide*[*]*, manche*[*]*.*

[*] Dieses Pronomen ist sowohl unter Typ A als auch unter Typ B gebräuchlich.

Übungsliste

Verbinden Sie die Ausdrücke (Adjektiv + Substantiv) mit

a) Demonstrativpronomen: *dieser/e/es, jener/e/es, der-/die-/dasjenige, der-/die-/dasselbe*

b) Indefinitpronomen: *irgendein, jeder/e/es, mancher/e/es, kein, anders, gewiss, folgend; alle, sämtliche, keine, viel(e)/wenig(e), einige, ein paar, etliche, manche, mehrere, verschiedene, irgendwelche, zahllose*

c) Interrogativpronomen: *welch-; wessen*

d) Possessivpronomen: *mein, dein* usw.

e) Zahlwörtern: *eins, zwei , beide* usw.

f) vorangestelltem Genitiv: *Karls...,Helgas...*

(günstig) Angebot	(unbekannt) Mann	(schwedisch) Firma	(hoch) Ton
(dunkel) Anzug	(kalt) Nacht	(reißend) Fluss	(schwer) Traum
(reif) Apfel	(spitz) Nadel	(hübsch) Foto	(seiden) Tuch
(dick) Ast	(eisern) Ofen	(süß) Frucht	(tödlich) Unfall
(japanisch) Auto	(jung) Paar	(schmal) Gang	(stark) Verb
(rot) Ball	(gültig) Pass	(selten) Gast	(exotisch) Vogel
(wertvoll) Bild	(frei) Platz	(vernünftig) Gedanke	(asiatisch) Volk
(leer) Blatt	(billig) Rad	(privat) Gespräch	(offen) Wagen
(weiß) Blume	(hell) Raum	(farbig) Glas	(steil) Wand
(steinern) Brücke	(streng) Regel	(herzlich) Gruß	(teuer) Ware
(spannend) Buch	(golden) Ring	(eisfrei) Hafen	(steinig) Weg
(modern) Bus	(weit) Rock	(baufällig) Haus	(trocken) Wein
(spitz) Dach	(schwarz) Schaf	(kariert) Hemd	(tropisch) Wind
(wollen) Decke	(herrlich) Schloss	(alt) Hose	(englisch) Wort
(dünn) Draht	(rostig) Schlüssel	(nett) Junge	(heimlich) Wunsch
(faul) Ei	(lang) Schnur	(hart) Kampf	(fett) Wurst
(überraschend) Ergebnis	(eng) Schuh	(modisch) Kleid	(künstlich) Zahn
(bunt) Fahne	(deutsch) Schule	(lila) Knopf	(möbliert) Zimmer
(besonders) Fall	(roh) Spaß	(reich) Land	(blühend) Zweig
(weich) Fell	(flach) Teller		

42 Deklination von Artikeln und Adjektiven

Ergänzen Sie die fehlenden Endungen.

1) (alt) Stadt

alt- Städte, zu alt- Städten, elf alt- Städte,   (____/____/____)

all- alt- Städte, die Schönheit alt- Städte,   (____,____/____)

zu ein- alt- Stadt, das Rathaus d- alt- Stadt,   (____,____/____,____)

welch- alt-Stadt, in ein paar alt- Städten   (____,____/____)

2) (kalt) Wasser

mit kalt- Wasser, mit Hilfe kalt- Wassers,   (____/____)

trotz d- kalt- Wassers, ein Schluck kalt- Wassers,   (____,____/____)

aus d- kalt- Wasser, in kalt- Wasser baden,   (____,____/____)

durch d- kalt- Wasser, ohne kalt- Wasser   (____,____/____)

3) (hoch) Turm

ein hoh- Turm, der Bau hoh- Türme, hoh- Türme,   (____/____/____)

vier hoh- Türme, auf hoh- Türme steigen,   (____/____)

um ein- hoh- Turm, welch- hoh- Türme,   (____,____/____,____)

dies- hoh- Turm, auf kein- hoh- Türme   (____,____/____,____)

4) (gut) Freund

mein- gut- Freund, ein Besuch gut- Freunde,   (____,____/____)

ohne gut- Freunde, eure gut- alt- Freunde,   (____/____,____)

ein- mein- guten Freunde, solch- gut-Freunde   (____,____/____,____)

5) (groß) Freude

mit groß- Freude, wegen sein- groß- Freude,   (____/____,____)

ein Zeichen groß- Freude, statt groß- Freude,   (____/____)

zu ihr- groß- Freude, ohne groß- Freude   (____,____/____)

6) (neu) Buch

kein- neu- Buch, zahllos- neu- Bücher,   (____,____/____,____)

all- neu- Bücher, mit ein- neu- Buch,   (____,____/____,____)

welch- neu- Buch, eins mein- neu- Bücher,   (____,____/____,____)

manch- neu- Buch, folgend-neu- Bücher   (____,____/____,____)

7) (dicht) Nebel

dicht- Nebel, bei dicht- Nebel, im dicht- Nebel,   (____/____/____)

wegen dicht- Nebels, durch d- dicht- Nebel,   (____/____,____)

trotz dicht- Nebels, die Ursache d- dicht- Nebels   (____/____,____)

43/44 Genitivbildung

Ergänzen Sie die fehlenden Artikel und Adjektivendungen.

Beispiel:	Tasche (jung, Frau)
	a) **Singular:** die Tasche *der jungen Frau*
	die Tasche *einer jungen Frau*
	b) **Plural:** die Taschen *der jungen Frauen*
	(die) Taschen *junger Frauen*
	oder: (die) Taschen *von jungen Frauen*

43

1) Reise (holländisch, Tourist)

a) die Reise _____ holländisch_____ Tourist_____

_____ holländisch_____ Tourist_____

b) die Reisen _____ holländisch_____ Touristen

_____ holländisch_____ Touristen

oder: _____ holländisch_____ Touristen

2) Direktor (staatlich, Bank)

a) der Direktor _____ staatlich_____ Bank

_____ staatlich_____ Bank

b) die Direktoren _____ staatlich_____ Banken

_____ staatlich_____ Banken

oder: _____ staatlich_____ Banken

3) Roman (jünger, Autor)

a) der Roman _____ jünger_____ Autors

_____ jünger_____ Autors

b) die Romane _____ jünger_____ Autoren

_____ jünger_____ Autoren

oder: _____ jünger_____ Autoren

4) Brief (Überlebender)

a) der Brief _____ Überlebend_____

_____ Überlebend_____

b) die Briefe _____ Überlebend_____

_____ Überlebend_____

oder: _____ Überlebend_____

44 Genitivbildung

In der Übung sind Genitive zu bilden und die Artikel zu ergänzen. Wenn das Wort kursiv gedruckt ist, verwenden Sie den bestimmten Artikel.

Beispiel:	*Ball* (klein, Junge)	*der Ball eines kleinen Jungen*

1) *Sohle* (recht, *Fuß*) _____

2) *Notwendigkeit* (rasch, Handeln) _____

3) *Wirkung* (dieser Gedanke) _____

4) *Erhaltung* (dauerhaft, Frieden) _____

5) *Schreibung* (italienisch, *Name*) _____

6) Zeichen (gut, Wille) _____

7) *Garten* (Familie Meier) _____

8) *Tod* (König Ludwig II.) _____

9) *Bevölkerung* (ganz, Luxemburg) _____

10) Gramm (rein, Gold) _____

11) *Ansprache* (spanisch, Katholik) _____

12) *Behandlung* (krank, *Herz*) _____

13) *Späße* (rothaarig, *Affe*) _____

14) *Geruch* (frisch, Kaffee) _____

15) Briefe (jung, *Goethe*) _____

16) *Ei* (*Columbus*) _____

17) *Kultur* (heutig, *Japan*) _____

18) *Aussprache* (*Russisch*) _____

19) *Ergänzung* (zweiter *Paragraph*) _____

20) *Anwendung* (kalt, Wasser) _____

21) *Befreiung* (irisch, *Gefangener*) _____

22) *Pässe* (zwei, Touristen) _____

23) *Herstellung* (hölzern, Fass) _____

24) *Pflicht* (jeder Christ) _____

25) *Ideen* (*Sozialismus*) _____

26) *Geburt* (Christus) _____

27) Menschen (jedes Alter) _____

28) Abteil (erste Klasse) _____

29) *Feiertage* (*Monat Mai*) _____

30) viele (unsere Kollegen) _____

45 Apposition

Der in Klammern angefügte Ausdruck soll an das bevorstehende Nomen (Beziehungswort) als Apposition angeschlossen werden. Beachten Sie, dass die Apposition im selben Kasus steht wie das Beziehungswort. Zwischen Beziehungswort und Apposition steht immer ein Komma.

Beispiel: Wir trafen Herrn Fischer   (= Chefarzt der Klinik)
Wir trafen Herrn Fischer,   *den Chefarzt der Klinik.*

1) Zum Essen gab es Gyros. (= griechisches Nationalgericht)
2) Der erste Preis ging an Frl. Bötel. (= Laborantin aus Kiel)
3) Bei dem Bewerber handelt es sich um W. Kerner. (= 50-jähriger Angestellter aus Hamburg).
4) Von Koechel (= österreichischer Jurist und Musikgelehrter) stammt das Verzeichnis der Werke Mozarts.
5) Am Mittwoch (= dritter März) findet im Hotel „Continental" eine Jubiläumsfeier statt.
6) Zunächst befragte das Gericht den einzigen Zeugen (= 43-jähriger Architekt aus Berlin).
7) Professor Sommerfeld lehrt an der Universität Köln (= eine der ältesten Hochschulen Deutschlands).
8) Die Abiturienten diskutierten mit Herrn XY (= Vorsitzender der CDU*).
9) Das Institut erwarb mehrere Manuskripte Albert Einsteins (= Begründer der Relativitätstheorie).
10) Die Tagung dauerte von Montag (= 29. Juni) bis Mittwoch (= 1. Juli).
11) Die Katze ging an Tollwut (= durch Viren übertragene Krankheit) ein.
12) Zu Beginn möchte ich Frau von Mangoldt (= Leiterin des Instituts) für ihre Mithilfe danken.
13) Als Versammlungsort wählte man Icking (= kleiner Ort im Süden Münchens).
14) Der Schriftsteller arbeitet an einer Biografie Ludwigs II. (= berühmter bayerischer König).

1) ... Gyros, _____.

2) ... Frl. Bötel, _____.

3) ... um W.Kerner, _____.

4) Von Koechel, _____, ...

5) Am Mittwoch, _____, ...

6) ... Zeugen, _____.

7) ... Köln, _____.

8) ... Herrn XY, _____.

9) ... Einsteins, _____.

10) ... von Montag, _____ bis Mittwoch, _____ 1.Juli.

11) ... an Tollwut, _____, ein.

12) ... Frau von Mangoldt, _____, ...

13) ... Icking, _____.

14) ... Ludwigs II., _____.

* CDU = Abkürzung für „Christlich-Demokratische Union" (Partei der Bundesrepublik)

In den folgenden Übungen sind einfache Sätze in nominale Ausdrücke umzuformen. Achten Sie darauf, ob vor dem Subjekt ein Artikel steht.

| **Beispiel:** | Der Zug kam an. | *die Ankunft des Zuges* |
| | Züge kamen an. | *die Ankunft von Zügen* |

46

1) Zahlen wurden addiert. _____

2) Die Schwestern ähneln sich. _____

3) Die Substanz wurde analysiert. _____

4) Unser Nachbar hat sich beschwert. _____

5) Die Gläubigen beten. _____

6) Die Straße wurde blockiert. _____

7) Die Apfelbäume blühten. _____

8) Er blutet nicht mehr. *(Stillstand)* _____

9) Der Vulkan brach aus. _____

10) Das Schloss brannte. _____

11) Laub wurde verbrannt. _____

12) Die Gäste wurden untergebracht. _____

13) Ein Arbeiter verdient 2500.- DM°. _____

14) Die Journalisten diskutierten. _____

15) Die Illustrierte wurde gedruckt. _____

16) Das Regime° unterdrückt das Volk. _____

17) Der Biologe empfahl einen Test°. _____

18) Der Streik wurde beendet. _____

19) Man vollendete das Bauwerk. _____

20) Das Munitionslager explodierte. _____

21) Der Strom fiel aus. _____

22) Ihr Haar ist gefärbt. _____

23) Der Archäologe fand ein Grab°. _____

24) Zwei Verbrecher flohen. _____

25) Es fror zum erstenmal. _____

26) Man führte Lebensmittel ein. _____

27) Die Komödie wurde aufgeführt. _____

28) Eine Tochter wurde geboren. _____

29) Die Stadt ist von Wald° umgeben. _____

30) Die Befragung ergab nichts°. _____

31) Das Gemälde wurde zurückgegeben. _____

32) Der Pass gilt bis 30. Juni°. _____

33) Es glüht unter der Asche. _____

34) Der Verstorbene wurde begraben. _____

35) Man grub die Statue aus. _____

47 *Nominalisierung von Verben*

1) Die Armee greift an. _____

2) Die Polizei griff ein. _____

3) Der Musikant hat etwas vor. _____

4) Er hält sich in Rom auf. _____

5) Der Brief enthielt eine Bitte. _____

6) Das Medikament enthält Alkohol. _____

7) Der Beamte verhielt sich falsch. _____

8) Die Familie hält zusammen. _____

9) Man handelt mit Pelzen. _____

10) Das Drama handelt von … _____

11) Er hängt vom Geld ab. _____

12) Die Maßnahmen hängen zusammen. _____

13) etwas, was mich hindert ... *(groß)* _____

14) Der Soldat gehorcht. _____

15) Die Patientin hört schlecht. _____

16) Während man ihn hypnotisierte. _____

17) Gemüse wird importiert. _____

18) Der Chirurg hatte sich geirrt. _____

19) Der König jagte einen Hirsch. _____

20) Man muss die Vorschriften kennen. _____

21) Das Zeugnis wird anerkannt. _____

22) Die Armen klagten über die Not. _____

23) Die Glocken klingen. _____

24) Die Gruppe kam im Hotel unter. _____

25) Was J. S. Bach komponierte ... _____

26) Er konnte gut reden. _____

27) Es wurde ein Motor konstruiert. _____

28) Die Diktate werden korrigiert. _____

29) Die Umstehenden lachten. _____

30) Man entließ fünf Arbeiter. _____

31) Der Mietvertrag läuft ab. _____

32) Der Matrose hatte viel erlebt. _____

33) Ein Flugplatz wurde angelegt. _____

34) Man legte einen Termin fest. _____

35) Der Gasthof liegt günstig. _____

36) Die Mühe hatte sich gelohnt. _____

1) Die Retter wurden belohnt.   _____

2) Man massierte ihm den Rücken.   _____

3) Man vermaß das Grundstück.   _____

4) Das Tier vermag gut zu hören.   _____

5) Die Einladung wird angenommen.   _____

6) Er benahm sich schlecht.   _____

7) Alle Zeugen wurden vernommen.   _____

8) Der Apparat nützt wenig. *(gering)* _____

9) Man benutzte das Rad oft.   _____

10) Sie eröffnete ein Konto.   _____

11) Abkommen werden veröffentlicht.   _____

12) Ein neuer Satellit wird erprobt.   _____

13) Zuerst wurden Röcke anprobiert.   _____

14) Dort wird Stahl produziert.   _____

15) Die Betrogene rächte sich.   _____

16) Der Dozent riet zu einem Kurs.   _____

17) Man berät Klienten.   _____

18) Der Angegriffene reagiert rasch.   _____

19) Man reißt die Fabrik ab.   _____

20) Der Franzose reitet gut.   _____

21) Der Fernseher wurde repariert.   _____

22) Die Suppe riecht würzig.   _____

23) Man riskiert viel. *(groß)*   _____

24) Der alte Herr rief an.   _____

25) Man berief einen Professor.   _____

26) Das Kind schämte sich.   _____

27) Die Gäste verabschiedeten sich.   _____

28) Der Diplomat entschied sich.   _____

29) Die Scheine unterscheiden sich.   _____

30) Der Termin wurde aufgeschoben.   _____

31) Man schoss den Hubschrauber ab.   _____

32) Der Gefangene wurde erschossen.   _____

33) Das Gespräch wurde abgeschlossen. _____

34) Institute wurden geschlossen.   _____

35) Wie Schinken schmeckt ...   _____

36) Man schneidet tief.   _____

1) Die Frauen erschraken. _____

2) Diebe wurden abgeschreckt. _____

3) Man beschrieb die Umgebung. _____

4) Der Bericht wurde abgeschrieben. _____

5) Die Einwohner wurden geschützt. _____

6) Der Zeuge schwört. _____

7) Dokumente wurden durchgesehen. _____

8) Die Braut sieht hübsch aus. _____

9) Viele sehnen sich nach Glück. _____

10) Wir sind zusammen. _____

11) Der Vorsitzende wurde abgesetzt. _____

12) Die Firma setzt Millionen um. _____

13) Der Chor singt. _____

14) Inge hatte sich Geld erspart. _____

15) Sie spricht die Wörter gut aus. _____

16) Der Vater versprach ihm ein Rad. _____

17) Die Delegierten widersprachen. _____

18) Das Konzert wurde besprochen. _____

19) Der Leopard sprang hinauf. _____

20) Die Mücken stachen. _____

21) Der Kommissar wurde bestochen. _____

22) Dort entstanden Städte. _____

23) Die Maschinen stehen still. _____

24) Man versteht meine Lage. *(für)* _____

25) Seit das Institut besteht ... _____

26) Die Angeklagte gesteht. _____

27) Die Brieftasche wurde gestohlen. _____

28) Die Kosten stiegen. _____

29) Der Gipfel wurde bestiegen. _____

30) Man versteigerte alte Teppiche. _____

31) Die Abfälle stinken. _____

32) Als man die Wand strich ... *(bei)* _____

33) Zwei Mieter stritten sich. _____

34) Der Düsenjäger ist abgestürzt. _____

35) Mehrere Büros wurden durchsucht. _____

36) Man sucht Mr. X. *(nach)* _____

1) Taucher versuchten es.

2) Man tauschte Spione aus.

3) Der Kandidat war enttäuscht.

4) Er trug Zahlen in ein Heft° ein.

5) Man übertrug das Länderspiel.

6) Als man Kisten wegtrug ... *(bei)*

7) Der Bürgermeister trat zurück.

8) Man darf° die Räume betreten.

9) Sie° vertritt einen Kollegen.

10) Der Verkäufer betrog uns°.

11) Der Alte hat es° getan.

12) Der Richter urteilte mild.

13) Man beurteilte die Diplomarbeit.

14) Sie° verlor ihren Ausweis.

15) Ihm wächst ein Bart.

16) Kinder wachsen schnell°.

17) Es wurde ein Sozialist gewählt.

18) Der Wagen wird gewaschen.

19) Man wechselte den Arbeitsplatz.

20) Zwillinge werden verwechselt.

21) Der Diplomat wurde ausgewiesen.

22) Man bewies das Gegenteil.

23) Man wendet viel Zeit auf. *(groß)*

24) Man will° die Regel anwenden.

25) Ein Neubau wurde entworfen.

26) Viele Völker wurden unterworfen.

27) Das Brot wiegt zwei Pfund°.

28) Der Arzt weiß viel°.

29) Die Verstorbene wollte es so.

30) Der Däne beglückwünschte ihn°.

31) Alle Geburten sind verzeichnet.

32) Was Dürer gezeichnet hat ...

33) Ein Gewitter zog durch.

34) Junge Hunde werden erzogen.

35) Der Redner zitierte Goethe°.

36) Man zwingt ihn° sich anzupassen.

51/52   Zusammengesetzte Nomen

Zusammengesetzte Nomen (z.B: *Briefpapier*) bestehen aus einem Grundwort *(Papier)* und einem Bestimmungswort *(Brief)*. Beginnen Sie die folgende Übung mit dem Grundwort *(Papier)* und setzen Sie dieses mit dem Bestimmungswort *(Brief)* in Beziehung *(Papier für Briefe)*. Zwischen Grundwort und Bestimmungswort steht dabei eine Präposition. Ist ein Wort kursiv gedruckt, so ist beim Grundwort der bestimmte Artikel zu verwenden.

Beispiele: Metallplatte   *eine Platte aus Metall*
                  Ägyptenreise   *die Reise nach Ägypten*

51   1) Kinderfilm 2) Dachwohnung 3) Wochenendmarkt 4) *Energiebedarf* 5) *Schulweg* 6) Glasvase 7) Denkaufgaben 8) *Familienanschluss* 9) *Warenbestand* 10) *Jahresbeitrag* 11) Parkmöglichkeit 12) *Heimfahrt* 13) *Zimmermangel* 14) Konzertkarte 15) *Goldsuche* 16) *Lohnverzicht* 17) *Rückzugsbefehl* 18) *Gottesglaube* 19) Leselampe 20) *Monatsgehalt*

1) _____   2) _____
3) _____   4) _____
5) _____   6) _____
7) _____   8) _____
9) _____   10) _____
11) _____   12) _____
13) _____   14) _____
15) _____   16) _____
17) _____   18) _____
19) _____   20) _____

52   1) *Bleigehalt* 2) Badegelegenheit 3) Wollpullover 4) *Stadtflucht* 5) Tierbuch 6) Holzbesteck 7) Trinkwasser 8) Erfolgsaussichten 9) *Ruhebedürfnis* 10) Reisegeld 11) Zweikampf (zwei Menschen) 12) *Heimatliebe* 13) Geschichtenbuch 14) *Zukunftsangst* 15) Völkermord 16) Sommerkleid 17) 24-Stunden-Visum 18) *Studienberechtigung* 19) *Bahnhofsviertel* 20) Seidenglanz 21) Fremdenhass 22) *Kontaktscheu* 23) *Bildungshunger* 24) *Benzingeruch*

1) _____   2) _____
3) _____   4) _____
5) _____   6) _____
7) _____   8) _____
9) _____   10) _____
11) _____   12) _____
13) _____   14) _____
15) _____   16) _____
17) _____   18) _____
19) _____   20) _____
21) _____   22) _____
23) _____   24) _____

53 Partikel: Negation und Einschränkung

Gradpartikel sagen etwas darüber aus, wie der Sprecher zu dem Sachverhalt steht. Setzen Sie in der folgenden Übung die Wörter *erst, kein-, mehr, nicht, noch, nur, schon* (auch in kombinierter Form wie *nur noch, nicht mehr* usw.) ein.

Beispiel:	Um acht Uhr waren ○ 10 Leute da; später kamen ○ 30 dazu.	*erst / noch*

1) Kaum zu glauben! Daniel ist ○ drei Jahre im Betrieb und ○ Abteilungsleiter. _____

2) Es ist schon spät. Willst du Horst heute ○ anrufen? – Nein, heute ○ ○; ich rufe _____

   ihn ○ morgen an. _____

3) Meine Eltern kannten den Sänger ganz gut, ich aber hatte ○ nie von ihm gehört. _____

4) Über Florian kann ich ○ Gutes sagen. Er arbeitet zwar ○ seit kurzem in unserer _____

   Firma, doch er hat mir ○ oft geholfen. _____

5) Sie haben doch drei Wochen Zeit. Warum wollen Sie denn heute ○ damit _____

   anfangen?

6) Was? Christiane kommt ○ diese Woche? Ich dachte, sie käme ○ nächste _____

   Woche.

7) Haben Sie noch Bier? – Nein, leider habe ich ○ ○. _____

8) Er war einsam geworden. Von seinen vielen Freunden war ihm ○ ○ sein _____

   Hund geblieben.

9) Jetzt schreiben Sie schon eine ganze Stunde! Sind Sie ○ immer nicht fertig? _____

   – Doch, ich bin ○ längst fertig. _____

10) In diesem Schuljahr haben die Kinder leider ○ zwei Turnstunden pro Woche. _____

    An diesem Zustand wird sich ○ nächstes Jahr etwas ändern. _____

11) Der Brief ist getippt und unterschrieben; er muss ○ ○ eingeworfen werden. _____

12) Können Sie mir hundert Mark leihen? – Leider nicht, ich habe ○ zwanzig _____

    Mark bei mir. Ich kann ○ morgen Geld vom Konto abheben, denn die Bank _____

    hat heute ○ zu. _____

13) Das ist doch viel zu viel Arbeit! Wollen Sie das alles heute ○ erledigen? _____

14) Über diese Frage kann ○ entschieden werden, wenn genaue Zahlen vorliegen. _____

15) Sind die bestellten Bücher schon da? – Nein, sie werden ○ morgen geliefert. _____

16) Es war ein verregneter Tag; ○ gegen Abend ließ der Regen nach. _____

Präpositionen

54–59 Präpositionen der Zeit und des Ortes

54   Seit wann arbeiten die Leute da?

Beispiel: Montag / Rundfunk / Stuttgart   *seit Montag beim Rundfunk in Stuttgart*

1) 3 Jahre / Deutsche Bank / Hannover
2) 1978 / Fa. Wagner & Co. / Ludwigstraße
3) 1. Juli / (bekannt) Architekt / Schleswig-Holstein*

4) 1.9. / Kölner Stadtverwaltung
5) Jahresbeginn/Vereinte Nationen/New York
6) Mitte (Jahr) / Forschungsinstitut / Baden-Württemberg*

1) _____

2) _____

3) _____

4) _____

5) _____

6) _____

55   Wo arbeiten die Leute?

Beispiel: Wissenschaftler / Spanien / Deutschland

Der *aus Spanien* stammende Wissenschaftler arbeitet *in Deutschland*.

1) Biologe / Türkei / USA
2) Ingenieur / Frankreich / Irak
3) Ärztin / Niederlande / Sudan
4) Geologe / Russland / Antarktis

5) Übersetzerin / Portugal / Slowakei
6) Bankier / Schweiz / Philippinen
7) Gelehrter / Iran / Universität Berlin
8) Theologe / Belgien / Vatikan

1) _____

2) _____

3) _____

4) _____

5) _____

6) _____

7) _____

8) _____

* Schleswig-Holstein, Baden-Württemberg = Bundesländer der Bundesrepublik

56   Wo haben Fritz und Angelika ihren Urlaub verbracht?

Beispiel: Villa / Meer   *in einer Villa am Meer*

1) Ferienhaus / Atlantikküste _____

2) Schwiegereltern / Tirol* _____

3) Tante / Wien _____

4) (einsam) Insel / Südsee* _____

5) Jugendherberge / Bodensee* _____

6) Zelt / Strand _____

7) Bauernhof / Bayern _____

8) Freunde / Nordsee _____

9) Hütte / Gebirge _____

10) Pension / Rhein _____

11) irgendwo / Süden _____

12) (unbekannt) Ort _____

13) Schiff / Mittelmeer _____

14) Dschungel / Südostasien _____

15) Schwimmbad / Isar* _____

16) Hotel / Island _____

57   Wo geht Oma am liebsten spazieren?

1) Morgen / (städtisch) Park _____

2) Vormittag / Wiese _____

3) Mittagszeit / Garten _____

4) 2 Uhr – 3 Uhr / Seeufer _____

5) Sonntagnachmittag / Donau _____

6) (schön) Tage / Wald _____

7) (schlecht) Wetter / Stadt _____

8) Dämmerung / Fluss _____

9) Abend / Nähe (Haus) _____

10) Mitternacht / Balkon _____

11) Mondschein / Terrasse _____

12) Herbst / Felder _____

13) November / Friedhof _____

14) Adventszeit / Weihnachtsmarkt _____

*   Tirol = Bundesland Österreichs   Südsee = südwestlicher Teil des Stillen Ozeans
    Bodensee = See im Dreiländereck Deutschland, Österreich und Schweiz   Isar = Fluss durch München

58 Wo sitzt Frau Schön gerade? Wohin geht sie dann?

Beispiel: Balkon ➜ Garten
Sie sitzt gerade *auf dem Balkon* und geht dann *in den Garten.*

1) Wartesaal ➜ Bahnsteig   _____ Wartesaal / _____ _____
Bahnsteig
2) Schreibtisch ➜ Post   _____ Schreibtisch / _____ Post
3) U-Bahn ➜ Einkaufen   _____ U-Bahn /_____ Einkaufen
4) Friseur ➜ Theater   _____ Friseur / _____ Theater
5) Café ➜ Modegeschäft   _____ Café / __ _____ Modegeschäft
6) Bücherei ➜ Park   _____ _____ Bücherei / _____ _____ Park
7) Ufer ➜ Schiff   _____ Ufer /_____ _____ Schiff
8) Decke ➜ Wasser   _____ _____ Decke / _____ Wasser
9) Frau Thomsen ➜ andere Freundin   _____ Frau Thomsen / _____ _____
andere_____ Freundin
10) Fernseher ➜ Dusche   _____ _____ Fernseher / _____ _____ Dusche
11) Badewanne ➜ Bett   _____ _____ Badewanne / _____ Bett

59 Wann und wo haben sich die beiden kennen gelernt?

Beispiel: Wochenende / Kino   *am Wochenende im Kino*

1) Silvester / Party   _____ Silvester _____ _____ Party
2) Winter / Bushaltestelle   _____ Winter _____ _____ Bushaltestelle
3) 1. April / Kino   _____ 1. April _____ Kino
4) Schwimmen / Strandbad   _____ Schwimmen _____ Strandbad
5) Ostern / Kurort   _____ Ostern _____ _____ Kurort
6) Frühling / Reise   _____ Frühling _____ _____ Reise
7) gestern / Weg ➜ Arbeit   gestern _____ _____ Weg _____ Arbeit
8) (vorig-) Jahr / Konzert   vorig_____ Jahr _____ _____ Konzert
9) Montagmorgen / Zug   _____ _____ Montagmorgen _____ Zug
10) 1973 / Hochzeit   _____ 1973 _____ _____ Hochzeit
11) Fasching / Ball   _____ Fasching _____ _____ Ball
12) 3. Semester / Demo*   _____ 3. Semester _____ _____ Demo*
13) Urlaub / Malkurs   _____ Urlaub _____ _____ Malkurs
14) Nachkriegszeit / Lager   _____ _____ Nachkriegszeit _____ Lager
15) Pause / Theater   _____ _____ Pause _____ Theater

* Demo = Abkürzung für Demonstration

Ergänzen Sie die fehlenden Präpositionen.

60

1) Wir tauschten deutsche ○ spanische Briefmarken.   _____

2) Ich miete den Saal nur ○ einen Abend.   _____

3) Er lässt sich ○ nichts beim Essen stören.   _____

4) Mitten ○ der Nacht wurde er ○ Geräusche geweckt.   _____

5) Wer wohnt ○ dem Neubau ○ der Ecke?   _____

6) In den Semesterferien arbeitet er ○ der Post.   _____

7) Bereits ○ acht Jahren verfasste sie Gedichte.   _____

8) In der Gruppe kannte sie alle, ○ einem Rothaarigen.   _____

9) Zuerst mussten wir ○ mehrere Zäune klettern.   _____

10) Hat Ulrich etwas Warmes ○ Anziehen dabei?   _____

11) Es wurde schon dunkel und ○ ○ Hütte hatten sie noch eine gute   _____

    Stunde zu gehen.

12) Als Kapitän ist er das ganze Jahr ○ hoher See.   _____

13) ○ uns gesagt – ich möchte den Vertrag kündigen.   _____

14) ○ unserer Klasse nehmen drei Schüler teil.   _____

15) Von hier ○ kann man das ganze Tal überschauen.   _____

16) ○ uns beiden darf es keine Missverständnisse geben.   _____

17) Ein Sprichwort sagt: „○ den Augen, ○ dem Sinn."   _____

18) Wer ○ euch hat etwas Verdächtiges beobachtet?   _____

19) Der Ast brach ○ Haralds Gewicht ab.   _____

20) Bis Neustadt fahren wir mit dem Zug; ○ Neustadt geht es dann mit   _____

    dem Bus weiter.

21) Im Strandbad sah er sie zum erstenmal ○ der Nähe.   _____

22) In der Nacht ○ Freitag ○ Samstag fielen 15 cm Neuschnee.   _____

23) ○ deiner Stelle würde ich mich selbst informieren.   _____

24) Herr Baur ist schon ○ langem ○ Pension.   _____

25) Die Küste ist völlig überlaufen: Ein Hotel steht ○ dem anderen.   _____

26) Gehen Sie diese Straße ○; dann kommen Sie direkt ○ Nationalgalerie. _____

27) Lassen Sie den Prospekt ○ Französische übersetzen?   _____

28) Schau mal, ob sie sich ○ der Mauer versteckt hat.   _____

29) Die Fahrscheine sind nur noch ○ Ende Juni gültig; ○ 1. Juli gelten _____

    nämlich neue Preise.

30) Er wurde ○ linken Knie operiert.   _____

→ → 51, 52

61 Verschiedene Präpositionen

1) Tausende ○ Menschen strömten ○ Eisstadion. _____

2) Der Ball flog mitten ○ die Zuschauer. _____

3) Man hatte keinen Schlüssel und musste das Tor ○ Gewalt öffnen. _____

4) Woche ○ Woche kamen Briefe. _____

5) Wir waren ○ allen Punkten einer Meinung. _____

6) Haben Sie was ○ Kopfweh? _____

7) Ich werde mir Ihre Frage ○ den Kopf gehen lassen. _____

8) Gammastrahlen bewegen sich ○ Lichtgeschwindigkeit. _____

9) Das Kind ist ○ sein Alter schon ziemlich groß. _____

10) Treffen wir uns ○ einer halben Stunde vor dem Kino! _____

11) Gott sei Dank habe ich die Prüfungen ○ mir. _____

12) Die genaue Zeit des Anrufs kann ich Ihnen nicht sagen, glaube aber,

es war ○ Mitternacht. _____

13) ○ Beginn des Vortrags versprach er sich öfter. _____

14) ○ sofort ist unsere Firma ○ der Nummer 9 47 23 95 zu erreichen. _____

15) Unsere Fahrt geht von München ○ Wien nach Budapest. _____

16) Nach heftigen Regenfällen stehen Wiesen und Felder ○ Wasser. _____

17) Die Grundstückspreise sind jetzt ○ ein Vielfaches höher als in der

Nachkriegszeit. _____

18) Anke ist ○ diesem Erlebnis ein ganz anderer Mensch. _____

19) Man konnte das Geschrei schon ○ weitem hören. _____

20) Der Vertreter ging ○ Tür ○ Tür, um Staubsauger zu verkaufen. _____

21) Teilt die Kinder ihrem Alter ○ in Gruppen ein! _____

22) Dieses Jahr fällt mein Geburtstag ○ einen Sonntag. _____

23) ○ einer umfangreichen Suche blieb der Lastwagen verschwunden. _____

24) Dieter steht ○ Betrugs ○ Gericht. _____

25) Von Kindheit ○ mussten sie ○ elterlichen Geschäft mithelfen. _____

26) Die Kinder konnten ○ Ungeduld nicht still sitzen. _____

27) Rings ○ die Stadt verläuft eine hohe Mauer. _____

28) ○ so vielen Leuten wollte sie nicht singen. _____

29) Ihr Schicksal liegt mir sehr ○ Herzen. _____

30) Der Fuchs lief ○ das Feld. _____

31) Manche wollen einfach nicht ○ ihren Fehlern lernen. _____

32) Das Wasser reichte mir ○ ○ die Knie. _____

1) Seine Uhr geht ◯ die Sekunde genau.   _____

2) Seiner Ansicht ◯ sollte man Kontrollen abschaffen.   _____

3) Wie heißt dieses Wort ◯ deutsch?   _____

4) ◯ ihrem Hund haben sie noch eine kleine Katze.   _____

5) Elisabeth wohnt in der Amalienstr. 4 ◯ Meier.   _____

6) Er ging ◯ Flussufer ◯, bis er zur Brücke kam.   _____

7) ◯ Kerzenlicht kann man sich gut unterhalten.   _____

8) Die Gruppe war fast vollzählig, denn ◯ ◯ Heinz waren alle gekommen.   _____

9) Zahlen Sie ◯ Dollar oder ◯ Mark?   _____

10) Ich trinke ◯ Ihren Erfolg.   _____

11) Den ganzen Tag sitzt Jakob ◯ seinen Büchern.   _____

12) Nach dem Essen stand er auf und ging ◯ Tür hinaus.   _____

13) Das Schiff liegt ◯ einer Tiefe ◯ 300 Metern.   _____

14) ◯ Zeit Goethes reiste man noch ◯ der Postkutsche.   _____

15) Holen Sie die Kleine ◯ allen Umständen ab!   _____

16) Ich warne Sie ◯ letzten Mal!   _____

17) Plötzlich bog ein weißer BMW ◯ die Ecke.   _____

18) ◯ den Gästen befanden sich mehrere Sänger.   _____

19) Es regnet! Schade ◯ unseren Ausflug.   _____

20) Ich weiß nicht mehr genau, wie viele Leute ◯ uns angerufen haben;   _____
    es waren ◯ die dreißig.   _____

21) Er nimmt Klavierstunden ◯ Herrn Grewe.   _____

22) Es kommt nicht ◯ Frage, dass Sie bezahlen!   _____

23) Die Sportgeschäfte haben die Preise gesenkt; Skihosen gibt es
    schon ◯ zwanzig Mark.   _____

24) ◯ seiner beruflichen Tätigkeit spielt er auch noch ◯ einem
    Streichquartett.   _____

25) Sein Name wurde erst ◯ die Presse bekannt.   _____

26) Der Mopedfahrer kam von der Straße ab und stieß ◯ einen Baum.   _____

27) Du musst diese unangenehmen Dinge so rasch wie möglich ◯ dich
    bringen.   _____

28) Der Chef ist nur selten ◯ Reisen.   _____

29) Das Gemälde stammt ◯ Privatbesitz.   _____

30) Wir bestätigen Ihr Schreiben ◯ 28.4.   _____

31) Lässt sich der Termin ◯ eine Woche verschieben?   _____

32) Die Zuschauer standen Kopf ◯ Kopf.   _____

33) Sie müssen mich schon bitten; ◯ Befehl mache ich nichts.   _____

63 Adjektive mit Präposition

Manchmal ist die Präposition mit dem Adverb *da* oder mit dem Frageadverb *wo* zu verbinden.

Beispiele: Das ist schön *für* dich.   /   Das ist gut *dafür.*   /   *Wofür* ist das nützlich?

1) Die deutsche Wirtschaft ist ○ Rohstoffimporten abhängig.   _____

2) Entscheidend ○ den Erfolg war seine große Ausdauer.   _____

3) Kaum ein Mensch ist frei ○ Vorurteilen.   _____

4) Der Sänger ist ○ Jung und Alt beliebt.   _____

5) Als Erster wurde der Musiklehrer ○ den begabten Jungen aufmerksam.   _____

6) Ich bin immer gut ○ Greta. Warum ist sie nur böse ○ mich?   _____

7) Die Regierung ist ○ harten Maßnahmen entschlossen.   _____

8) Bist du ○ meinem Vorschlag einverstanden?   _____

9) Prof. Rau wurde ○ seine neuartige Krebstherapie weltweit bekannt.   _____

10) Viele Bürger sind ○ die Zukunft ihres Landes sehr besorgt.   _____

11) ○ sind die Wissenschaftler beschäftigt ?   _____

12) Hundert Mark sind genug ○ Walter; mehr Geld bekommt er nicht.   _____

13) Wir sind ○ einem schnellen Abschluss der Arbeiten interessiert und   _____

    ○ jede Hilfe dankbar.   _____

14) Nehmen Sie sich so viele Äpfel, wie Sie wollen; ich habe genug ○.   _____

15) Der Reisende war froh ○ die Ankunft des Dolmetschers.   _____

16) Manche Schülerin ist ○ ihren Lehrer verliebt.   _____

17) Arbeitest du noch an dem Artikel? – Nein, ich bin schon lange ○ fertig. _____

18) Keiner der Prozessbeteiligten war glücklich ○ die Entscheidung   _____

    des Richters.

19) Diese Bergtour kann gefährlich sein, besonders ○ wenig Geübte.   _____

20) Sie haben keine Ahnung, ○ dieser Mensch in seinem Zorn fähig ist.   _____

21) Wir waren alle neugierig ○ Barbaras Freund.   _____

22) Zusätzlich ○ Opernkarte bekam er auch ein Programm.   _____

23) Dieses Klima ist ○ Herzkranke sehr ungesund.   _____

24) Seien Sie nett ○ Ihren Mitmenschen!   _____

64   Kästchenrätsel (zu den Präpositionen)

Wenn Sie die vorigen Übungen gemacht haben, wird Ihnen dieses Rätsel sicher keine Schwierigkeiten bereiten. In jedem Satz muss eine Präposition erraten werden, aus der ein bestimmter Buchstabe in das jeweilige Kästchen einzutragen ist (ß = ss). Die Zahl in Klammern gibt an, der wievielte Buchstabe gemeint ist. Die Buchstaben in den Kästchen ergeben, von unten nach oben gelesen, ein deutsches Sprichwort. (Beispiel: AUS (2) = U)

1) Das Flugzeug flog _____ (2) einer Höhe von 8000 m.

2) _____ (2) den weißen Schafen befand sich auch ein schwarzes.

3) Die Turner stellten sich der Größe _____ (2) auf.

4) Ich will den Mietvertrag _____ (2) mindestens ein Jahr verlängern.

5) Du musst diese unangenehmen Gespräche so schnell wie möglich _____ (6)

dich bringen.

6) _____ (2) Tageslicht halten sich diese Tiere im Wald versteckt.

7) _____ (1) das rasche Eingreifen der Feuerwehr konnte ein Großbrand

verhindert werden.

8) _____ (3) der steigenden Zahl von Fahrzeugen erhöht sich auch die Zahl der

Verkehrsopfer.

9) _____ (4) dir haben nur Bettina und Inge zugesagt.

10) Wissen Sie, _____ (4) er sich in seiner Freizeit beschäftigt?

11) Ich komme _____ (3) keinen Umständen.

12) Wir waren fast fertig; _____ (3) auf einen kleinen Koffer war alles gepackt.

13) Auf dem Parkplatz steht ein Auto _____ (3) dem anderen.

14) Unsichere Schwimmer schwimmen nicht in die Mitte des Sees, sondern am

Ufer _____ (4).

15) Bevor die Menschen das Geld kannten, tauschten sie Ware _____ (4) Ware.

16) _____ (3) Mitleid sollte man nicht heiraten.

Lösung: _____

Syntax

73

65   Übersicht zur Umformung von Nebensätzen

Die nachfolgende Übersicht bringt Beispiele der gebräuchlichsten Nebensatztypen und ihrer Umformung in präpositionale Ausdrücke. Diese Übersicht hilft Ihnen bei vielen der anschließenden Übungen. Als Vorübung eignen sich die Übungen 46 bis 50.

1.   Temporale Beziehung

Als sie aufräumten, fanden sie mehrere Schmuckstücke.

Beim Aufräumen / Während des Aufräumens fanden sie mehrere Schmuckstücke.

Während / Als er krank war, besuchten ihn viele Freunde.

Während seiner Krankheit besuchten ihn viele Freunde.

(Immer) wenn / Sooft man sich unterhielt, ging es um Politik.

Bei jeder Unterhaltung ging es um Politik.

Nachdem / Als er gegessen hatte, machte er ein Schläfchen.

Nach dem Essen machte er ein Schläfchen.

Sobald du angekommen bist, musst du dich melden.

Du musst dich *gleich nach deiner Ankunft* melden.

Bevor / Ehe sie die Stelle erhält, muss sie mehrere Prüfungen ablegen.

Vor einer Anstellung muss sie mehrere Prüfungen ablegen.

Seit er 20 Jahre alt ist, lernt er Japanisch.

Seit seinem 20. Lebensjahr lernt er Japanisch.

Wir warteten, *bis das Flugzeug gelandet war.*

Wir warteten *bis zur Landung des Flugzeugs.*

Solange er studiert, hat er kaum Zeit für andere Dinge.

Während des Studiums hat er kaum Zeit für andere Dinge.

2. Kausale Beziehung

Er fuhr mit der Bahn, *weil / da der Weg sehr weit war.*
Wegen / Aufgrund / Infolge der großen Entfernung fuhr er mit der Bahn.

Sie kaute an ihren Fingernägeln, *weil sie so ungeduldig war.*
Vor Ungeduld kaute sie an ihren Fingernägeln.

Da er seiner Firma treu bleiben wollte, lehnte er das Angebot ab.
Aus Treue zu seiner Firma lehnte er das Angebot ab.

Wir wählten das Hotel Astoria, *zumal es günstig liegt.*
Wir wählten das Hotel Astoria *(vor allem) wegen seiner günstigen Lage.*

3. Konditionale Beziehung

Wenn / Falls / Sofern das Wetter günstig ist, kann der Ballon starten.
Sollte das Wetter günstig sein, kann der Ballon starten.
Bei günstigem Wetter kann der Ballon starten.

Wenn wir das Gepäck nicht hätten, könnten wir viel bequemer reisen.
Ohne das Gepäck könnten wir viel bequemer reisen.

4. Konzessive Beziehung

Obwohl / Obgleich / Wenn auch die Wohnung sehr laut ist, wollen sie bleiben.
So laut die Wohnung auch ist, sie wollen bleiben.
Trotz / Ungeachtet des Lärms wollen sie in der Wohnung bleiben.

So sehr sie sich auch anstrengte, sie schaffte es nicht.
Trotz ihrer Anstrengungen schaffte sie es nicht.

5.   Finale Beziehung

Man fragte Fachleute, *um Pannen zu verhindern.*
Zur Verhinderung von Pannen fragte man Fachleute.

Man gab ihm Schokolade, *damit er sich wieder beruhigte.*
Zur Beruhigung gab man ihm Schokolade.

6.   Modale Beziehung

A. Instrumentalität

Der Fettfleck lässt sich entfernen, *indem man Benzin verwendet.* Der Fettfleck lässt sich *dadurch entfernen, dass man Benzin verwendet.*
Der Fettfleck lässt sich *mit / mit Hilfe von* Benzin entfernen.

B. Fehlender Umstand / Stellvertretung

Der Zug fuhr bis Nürnberg, *ohne unterwegs zu halten.*
Der Zug fuhr *ohne Aufenthalt* bis Nürnberg.

Statt dass man uns begrüßte, schickte man uns in das nächste Dorf.
Statt einer Begrüßung schickte man uns in das nächste Dorf.

C. Nebensätze mit *als ob*

Er schaute uns an, *als ob er verrückt wäre.*
Er schaute uns an *wie ein Verrückter.*

D. Nebensätze mit *soviel, soweit*

Soweit ich informiert bin, verkehrt dort ein Bus.
Nach meiner Information verkehrt dort ein Bus.

Soviel ich weiß, braucht man für dieses Land ein Visum.
Meines Wissens braucht man für dieses Land ein Visum.

Zeitlicher Ablauf von Handlungen

66/67   Temporale Beziehung

Verbinden Sie die Sätze mit den Konjunktionen *als, bevor, bis, nachdem, seit, sobald, solange, sooft, während, (immer) wenn.*

Beispiele: Er kam heim. Das Kind schlief schon.   *Als* er heimkam, schlief das Kind schon.
Sie fuhr weg. Vorher dankte sie uns.   *Bevor* sie wegfuhr, dankte sie uns.

66

1) Die Musik wurde immer lauter. Da klopfte er an die Wand.
2) Der Flüchtling wurde verhört und dann über die Grenze abgeschoben*.
3) Die Gruppe trifft gegen Mittag ein. Verständigen Sie mich dann bitte gleich!
4) Wir sollten offiziell informiert werden. So lange wollten wir aber nicht warten. (*Wir wollten ...*)
5) Das Schiff legt an und sofort stürzen alle aufs Deck.
6) Elke wohnte bei Frau Glas in Untermiete. Während dieser Zeit brauchte sie sich um nichts zu kümmern. (3)

7) Er dachte häufig an das Unglück. Jedesmal lief es ihm kalt über den Rücken. (2)
8) Er las die Briefe. Maria spielte in dieser Zeit Klavier.
9) Ich habe mehrmals bei dir angerufen; immer war besetzt.
10) Der Versuch ist noch nicht abgeschlossen. Wie kannst du jetzt schon von Erfolg reden?!
11) Der Skandal kam ans Licht; daraufhin wurden mehrere Angestellte der Firma verhaftet.
12) Man ist gesund. Während dieser Zeit denkt man nicht an Krankheiten.

1) _____

2) _____
_____

3) _____

4) _____

5) _____

6) _____
_____

7) _____
_____

8) _____

9) _____

10) _____
_____

11) _____
_____

12) _____

* abschieben = hier: polizeilich aus dem Land weisen

1) Die Nacht brach herein. Die Wartenden wurden unruhig.
2) Ich unterschreibe nicht. Zuerst muss ich den Empfänger des Briefes kennen.
3) Er aß und trank sehr gern . Anschließend machte er immer ein Nickerchen*.
4) Brigitte ist an den Stadtrand gezogen. Seit dieser Zeit geht sie viel öfter spazieren.
5) Man verband ihm den Fuß. In dieser Zeit studierte er das Gesicht der Krankenschwester.
6) Wartet mit dem Ausflug, denn Axel hat noch nicht Urlaub!
7) Bald steht der Termin fest; dann werden Sie gleich benachrichtigt.
8) Der Indianer erreichte den Fluss und fühlte sich dann sofort in Sicherheit.
9) Du darfst nicht Rad fahren, denn du bist noch erkältet.
10) Seine Kollegen arbeiteten noch im Büro. Zu dieser Zeit saß er längst am Strand.
11) Der Vertrag ist bald unter Dach und Fach* und dann werden wir feiern.
12) Hanne hat oft Zeit und blättert dann in alten Fotoalben.
13) Sie trank Tee und immer saß die Katze auf ihrem Schoß.
14) Ich packe die Koffer ins Auto; gleichzeitig kannst du die Wohnung aufräumen.

1) _____
2) _____
   _____
3) _____
4) _____
   _____
5) _____
   _____
6) _____
7) _____
8) _____
   _____
9) _____
10) _____
   _____
11) _____
   _____
12) _____
13) _____
14) _____
   _____

* Nickerchen = kurzer Schlaf
   unter Dach und Fach = abgeschlossen, erledigt

68 *Bildung von Temporalsätzen* ✶

Formen Sie die kursiv geschriebenen Satzteile in Nebensätze um.

Beispiel: *Bei ihrer Ankunft* schien die Sonne.   *Als sie ankam*, schien ...

1) *Bei Einbruch der Dunkelheit* zündete man Kerzen an.
2) *Mit Vollendung des 18. Lebensjahres* darf man wählen.
3) Wir haben noch zwanzig Minuten *bis zum Unterricht.*
4) *Zu Beginn der Reise* wusste er noch nicht, was ihn erwartete. *(antreten)*
5) *In Kriegszeiten* hatte die Bevölkerung schwer zu leiden.
6) Solche Witze erzählt er auch *im Beisein von Damen.*
7) *Im Vorbeigehen* hörte Katrin leise Musik im Zimmer.
8) *Kurz vor dem Ziel* brach der Läufer zusammen.
9) *Beim Anblick der Waffe* erbleichte der Gefangene.
10) *Beim Aufbruch der Bergsteiger* regnete es in Strömen. *(sich auf den Weg machen)*
11) *Nach der Zwischenprüfung* begann er ein Praktikum. *(ablegen)*
12) Gib mir sofort *nach Abschluss der Korrekturen* Bescheid!
13) *Seit Beginn unserer Bekanntschaft* ist er ein treuer Freund.
14) *Während Ihres Auslandsstudiums* wird das Zimmer vermietet.
15) *Nach einigen Tagen* riskierte sie einen zweiten Versuch.
16) *Nach seinem Parteiaustritt* wurde er freier Journalist.
17) *Seit seiner Pensionierung* lebt er sehr zurückgezogen.
18) Räume *vor der Arbeit* das Zimmer auf! *(sich an die Arbeit machen)*

1) _____

2) _____

3) _____

4) _____

5) _____

6) _____

7) _____

8) _____

9) _____

10) _____

11) _____

12) _____

13) _____

14) _____

15) _____

16) _____

17) _____

18) _____

69 *Umformung von Temporalsätzen*

Bei dieser Übung müssen Sie für die Nebensatzkonjunktion (*als, bevor, nachdem* usw.) eine passende Präposition (*bei, vor, nach* usw.) finden. Das Verb muss durch ein passendes Nomen ersetzt werden. Verwenden Sie dabei Nomen wie *Ablauf, Lebensjahr, Mondaufgang* ...

Beispiele:	Als die Läufer starteten, ...	*Beim Start der Läufer ...*
	Bevor die Läufer starteten, ...	*Vor dem Start der Läufer ...*
	Nachdem die Läufer gestartet waren, ...	*Nach dem Start der Läufer ...*

1) Als der Mond aufging, ...

2) Immer wenn sie in Berlin war, ...

3) Wenn man gestorben ist, ...

4) Nachdem das Versteck gefunden worden war, ...

5) Sobald die Frist vorbei ist, ...

6) Als gegessen wurde, ...

7) Seit sie elf Jahre alt war, ...

8) Bis der Bus ankommt, ...

9) Als Sophia noch ein Kind war, ...

10) Immer wenn wir uns verabschieden, ...

11) Als er 18 Jahre alt war, ...

12) Wenn sie frei hat, ...

13) Während der Abgeordnete sprach, ...

14) Wenn man sehr alt ist, ...

15) Wenn es dunkel ist, ...

16) Seit sie nicht mehr zusammen sind, ...

17) Als der dritte Akt begann, ...

18) Bis ihr zurückkommt, ...

19) Solange das Gewitter andauerte, ...

20) Sooft der Onkel zu uns kam, ...

21) Als wir noch studierten, ...

22) Als es gerade neun vorbei war, ...

23) Als es ungefähr Mitternacht war, ...

24) Während sie miteinander redeten, ...

25) Bevor er in Pension geht, ...

26) Als der Film fast aus war, ...

27) Als zwei Tage vergangen waren, ...

28) Bevor der Gefangene davonlief, ...

29) Als man Möbel nach Köln fuhr, ...

30) Sobald Sie morgens aus dem Bett sind, ...

31) Wenn die Sonne scheint, ...

Grund und Folge von Handlungen

70 Kausale und konsekutive Beziehung ✶

Verbinden Sie die Sätze mit den in Klammern angegebenen Haupt- und Nebensatzkonjunktionen. Die Sätze sind dabei umzuformen.

Beispiel: Er hat seinen Pass vergessen und muss darum noch einmal zurückfahren. *(nämlich)*

Er muss noch einmal zurückfahren; er hat *nämlich* seinen Pass vergessen.

Weitere Übungsmöglichkeit: Wenn Sie die Sätze umgeformt haben, bilden Sie irreale Bedingungssätze: z.B. *Wenn er seinen Pass nicht vergessen hätte, müsste er nicht noch einmal zurückfahren. Formulieren Sie die Sätze auch mit anderen Konkunktionen.*

1) Der Kurs fällt aus; es haben sich nämlich sehr wenig Interessenten gemeldet. *(so..., dass)*
2) Das Haus ist schon zu baufällig, als dass man es noch bewohnen könnte. *(daher)*
3) Roland hat in Italien viele Freunde und verbringt daher seinen Urlaub besonders gern dort. *(zumal)*
4) Mit einer Einigung ist nicht zu rechnen, denn die Ansichten sind völlig unterschiedlich. *(zu.., als dass)*
5) Herr Lehmann musste sich eine neue Stelle suchen, da die alte Firma Pleite gemacht hatte. *(weshalb)*

6) Ich konnte das Buch sofort kaufen, weil ich zufällig mehr Geld eingesteckt hatte. *(so dass)*
7) Die Bergsteiger kannten den Weg nicht; darum mussten sie bald aufbrechen. *(nämlich)*
8) Das Verfahren ist zu kompliziert, als dass es sich in zwei Sätzen erklären ließe. *(denn)*
9) Der Angeklagte wurde freigesprochen, da man ihm keine Straftat nachweisen konnte. *(infolgedessen)*
10) Man kann ihr diese Arbeit nicht anvertrauen; sie ist nämlich zu unerfahren. *(darum)*

1) _____

2) _____

3) _____

4) _____

5) _____

6) _____

7) _____

8) _____

9) _____

10) _____

71 Bildung von Kausalsätzen ✶

Weitere Übungsmöglichkeit: Bilden Sie auch irreale Bedingungssätze, z.B. *Wenn sie mehr Geld gehabt hätte, (so) hätte sie die Reise nicht verschoben / verschieben müssen.*

1) *Infolge des Stromausfalls* versank Berlin in Dunkelheit.

2) *Aufgrund des raschen Eingreifens der Feuerwehr* konnte größerer Schaden vermieden werden.

3) *Infolge der seit einer Woche anhaltenden Regenfälle* sind die Uferstraßen überschwemmt. *(regnen)*

4) *Aufgrund seines guten Zahlengedächtnisses* fiel ihm die Nummer sofort ein. *(behalten)*

5) Das Getränk wird *wegen seines hohen Vitamin-C-Gehalts* bei Erkältungen empfohlen.

6) Kritisiert den Stadtrat *wegen seiner Stimmenthaltung**!

7) *Infolge der Preisanhebungen für Nahrungsmittel* kam es zu Demonstrationen. *(verteuern, Passiv)*

8) *Wegen seines vorbildlichen Verhaltens* wurde ihm ein Orden verliehen.

9) *Aufgrund ihrer hervorragenden Musikkenntnisse* gewann sie den ersten Preis. *(Bescheid wissen)*

10) *Wegen des Unfalltodes eines Fahrers* wurde die Rallye abgebrochen. *(verunglücken)*

11) *Wegen der fehlenden Unterkünfte* halbierte man die Gruppe. *(alle unterbringen, Passiv)*

12) *Aufgrund seiner reichen Kupfervorkommen* ist unser Land von Importen unabhängig. *(verfügen)*

13) *Wegen einer Geburtstagseinladung* kann ich leider nicht kommen. *(Freundin)*

14) Der genaue Tathergang blieb *wegen der großen Gedächtnislücken des Zeugen* im Dunkeln. *(nichts, sich erinnern)*

1) _____

2) _____

3) _____

4) _____

5) _____

6) _____

7) _____

8) _____

9) _____

10) _____

11) _____

12) _____

13) _____

14) _____

* sich der Stimme enthalten = weder mit ja noch mit nein stimmen (bei Abstimmungen)

72 Umformung von Kausalsätzen

Formen Sie die kursiv gedruckten Kausalsätze um und bilden Sie jeweils Ausdrücke mit *aus* oder *vor.*

Beispiele: *Weil er sich Sorgen um ihre Zukunft machte,* sparte er jeden Pfennig.
Aus Sorge um ihre Zukunft ...

Weil sie so viel Angst hatte, zitterte sie am ganzen Körper.
Vor Angst ...

aus gibt an, dass die folgende Handlung überlegt oder geplant war, auch eine andere Handlung wäre möglich gewesen; *vor* betont die Wirkung (von Angst, Neid usw.) auf den Organismus.

Weitere Übungsmöglichkeit: Bilden Sie, wo es sinnvoll ist, auch irreale Bedingungssätze: *Wenn er sich nicht so viele Sorgen um ihre Zukunft gemacht hätte, ...*

1) Das Glas fiel ihr aus der Hand, *weil sie so erschrak.*
2) Er blieb stehen, *weil er sich vor dem Hund fürchtete.*
3) *Weil sie neugierig war,* schlug sie das Buch auf.
4) Er wartete eine Stunde, *weil er höflich sein wollte.*
5) Das kleine Mädchen schrie, *weil ihm das Bein so weh tat.*
6) Er stahl Äpfel aus dem Garten, *weil er Eva so gern hatte.*
7) Der Gewinner machte Luftsprünge, *weil er sich so freute.*
8) Agnes nahm die Katze nach Hause, *weil sie ihr Leid tat.*
9) *Da sie schrecklich müde war,* fielen ihr die Augen zu.
10) Er handelt so, *weil er davon überzeugt ist.*
11) Er verschwieg den Grund, *weil er sich schämte.*
12) Sie klapperte mit den Zähnen, *weil sie so fror. (Kälte)*
13) Er steht immer um sechs Uhr auf, *weil er es gewohnt ist.*
14) Die Frau wurde blass, *weil sie so neidisch war.*
15) Wir schliefen fast ein, *weil wir uns so langweilten.*
16) Sie brachte kein Wort heraus, *weil sie so glücklich war.*

1) _____
2) _____
3) _____
4) _____
5) _____
6) _____
7) _____
8) _____
9) _____
10) _____
11) _____
12) _____
13) _____
14) _____
15) _____
16) _____

Bedingungen für Handlungen

73/74 *Konditionale Beziehung*

Verbinden Sie die Sätze mit den Konjunktionen: a) *wenn / falls;* b) *es sei denn, (dass);* c) *vorausgesetzt, (dass)* und mit d) *sollen.*
Die Abkürzung *Bed* bedeutet Bedingung.

Beispiel: Ich fahre mit nach Köln.   *Bed:* Ich müßte mit der Arbeit fertig sein. *(a – d)*

     a) *Wenn / Falls* ich mit der Arbeit fertig bin, fahre ich mit nach Köln.
     b) Ich fahre mit nach Köln, *es sei denn,* ich bin mit der Arbeit noch nicht fertig / ...
        es sei denn, dass ich ... noch nicht fertig bin.
     c) Ich fahre mit nach Köln, *vorausgesetzt,* ich bin mit der Arbeit fertig. / ..., *vorausgesetzt, dass* ich mit der Arbeit fertig bin.
     d) *Sollte* ich mit der Arbeit fertig sein, (so / dann) fahre ich mit nach Köln.

73

1) Der Vertrag gilt bis 30.6.
   Bed: Er wird vorher nicht gekündigt. *(a–d)*

2) Der Patient darf das Bett verlassen.
   Bed: Der Arzt muss es erlauben. *(a – d)*

3) Die Firma wird Käufer verlieren.
   Bed: Sie erweitert ihr Angebot nicht.
     (a, b, d)

4) Man lernt eine Fremdsprache schnell.
   Bed: Man übt sie regelmäßig. *(a – c)*

5) Wir können nicht mehr als zehn Gäste einladen.
   Bed: Wir feiern den Geburtstag zu Hause.
     (a/d = zu Hause; b/c = Gasthaus)

1a) _____
  b) _____
  c) _____
  d) _____
2a) _____
  b) _____
  c) _____
  d) _____
3a) _____
  b) _____
  d) _____
4a) _____
  b) _____
  c) _____
5a) _____
  b) _____
  c) _____
  d) _____

74 Formen Sie die Sätze mit den angegebenen Konjunktionen um. ✶

1) Der Zustand des Patienten muss sich bessern; andernfalls wird operiert. *(falls)*
2) Wir müssen einen neuen Zeitplan erstellen, falls sich die Produktion verzögert. *(sollen)*
3) Er darf unter der Voraussetzung mitkommen, dass er sich anständig benimmt. *(müssen / andernfalls)*
4) Angenommen, der Benzinpreis stiege um das Dreifache. Wie würden die Autofahrer reagieren? *(falls)*
5) Sebastian wird bei der Firma Siemens arbeiten, vorausgesetzt, der Arbeitsvertrag kommt zustande. *(angenommen)*
6) Sollten sich keine Freiwilligen mehr melden, wird das Unternehmen abgebrochen. *(es sei denn)*
7) Sigrid will sich an der Uni Köln bewerben, es sei denn, sie bekommt in München einen Studienplatz. *(Für den Fall, dass ...)*
8) Hoffentlich eignet sich das Buch noch für solche Kurse; sonst müssen wir ein anderes anschaffen. *(Sollte sich ...)*
9) Es strömt Gas aus, wenn Sie den Hahn nicht schließen. *(andernfalls)*
10) Wenn Sie versprechen , die Grenze nicht zu überschreiten, dürfen Sie sich hier frei bewegen. *(vorausgesetzt, dass)*
11) Man musste ihn sofort operieren; andernfalls wäre er nicht am Leben geblieben. *(wenn / sterben)*

1) _____

2) _____

3) _____

4) _____

5) _____

6) _____

7) _____

8) _____

9) _____

10) _____

11) _____

Beispiel:	*Bei guter Bezahlung* arbeitet jeder gern.
	Wenn er gut bezahlt wird, arbeitet …

1) *Im Falle einer Niederlage* scheidet die Mannschaft aus dem Turnier aus. *(Spiel)*
2) *Bei Nichtgefallen* dürfen Sie das Kleid umtauschen.
3) Darf *in seiner Anwesenheit* von ihr gesprochen werden?
4) *Bei regelmäßiger Kursteilnahme* erhaltet ihr eine Bescheinigung.
5) *Beim Vergleich der Werke* zeigen sich große Unterschiede.
6) Man erkennt die Schäden erst *bei genauerem Hinsehen*.
7) *Bei dieser Lautstärke* kann man Musik nicht mehr genießen.
8) *Vor so vielen Leuten* kann ich nicht singen. *(zuhören)*
9) *Bei mangelnder Beteiligung* fällt die Fahrt aus. *(mitmachen)*
10) *Ohne dich* könnte er das alles gar nicht schaffen. *(haben)*
11) Der Kranke darf nur *bei einer Besserung seines Zustands* transportiert werden.
12) *Im Fall einer Verhinderung des Künstlers* muss die Aufführung verschoben werden. *(teilnehmen)*
13) *Ohne Ortskenntnis* darfst du den Auftrag nicht übernehmen. *(sich auskennen)*
14) *An deiner Stelle* hätte ich mich bei der Firma Schmalz & Co. beworben.
15) *Eine halb so lange Rede* wäre besser gewesen. *(kürzen)*
16) *Mit guten Mitarbeitern* könntet ihr eine Firma gründen.
17) *Bei niedrigeren Preisen* wäre alles längst verkauft. *(senken)*
18) *Bei Regelverstößen* wird man ausgeschlossen. *(wer; sich halten an)*

1) _____
2) _____
3) _____
4) _____
5) _____
6) _____
7) _____
8) _____
9) _____
10) _____
11) _____
12) _____
13) _____
14) _____
15) _____
16) _____
17) _____
18) _____

Beispiele: *Wenn / Falls es regnet*, bleiben wir zu Hause.   *Bei Regen* bleiben wir …
              Wenn er mir nicht geholfen hätte, wäre ich …   *Ohne seine Hilfe* wäre ich …

Zu verwendende Wörter: *Anstellung, Sieg, Wunsch, Zustimmung …*

Weitere Übungsmöglichkeit: Bilden Sie, wo es sinnvoll ist, auch irreale Bedingungssätze in der Vergangenheitsform (z.B. Satz 1: *Hätte sie nicht ja gesagt, so wäre … gefallen.)*

1) *Wenn sie nicht ja dazu sagt*, fällt der Plan ins Wasser.
2) *Sollte er die Partie gewinnen*, (so) kommt er in die Endrunde.
3) *Wenn die Fahrbahn nass ist*, sind nur 60 km/h erlaubt.
4) *Wenn sich die beiden sympathisch finden*, ist eine spätere Heirat nicht ausgeschlossen. *(gegenseitig)*
5) *Gesetzt den Fall, dass die Rakete explodiert*, wird die Versuchsreihe abgebrochen. *(Fall)*
6) *Wenn es kalt wird*, müssen diese Pflanzen in den Keller.
7) *Falls es das Wetter erlaubt*, findet das Fest draußen statt. *(günstig)*
8) *Wenn der Eintritt zu teuer ist*, verzichten die Leute auf das Vergnügen. *(Eintrittspreise)*

9) *Falls die Veranstaltung glückt*, wird sie wiederholt.
10) *Wenn ich so alt wäre wie ihr*, würde ich mir einen Ferienjob suchen.
11) Die Erzählungen können nur erscheinen, *wenn es die dortige Zensur nicht verbietet.*
12) *Wenn Gefahr droht*, ist der rote Knopf zu drücken.
13) Sie bekommen den Auftrag nur, *wenn Sie fließend Italienisch sprechen.*
14) *Wenn Sie es möchten*, werden Ihnen die Bücher zugesandt.
15) *Falls ihm die Firma eine Stelle gibt*, will er umziehen.
16) *Hätte sie ein kleines Zimmer*, wäre ihr schon geholfen.
17) *Wenn die Bedingungen so sind*, lehnt er die Teilnahme ab.

1) _____

2) _____

3) _____

4) _____

5) _____

6) _____

7) _____

8) _____

9) _____

10) _____

11) _____

12) _____

13) _____

14) _____

15) _____

16) _____

17) _____

Handlungen
trotz besonderer Umstände

77 Konzessive Beziehung

Mündliche Übung: Verbinden Sie die Sätze mit den Konjunktionen
        a) *obwohl*,   b) *trotzdem*,   c) *zwar ... aber / doch*.

Beispiel: Das Fenster lag sehr hoch. Volker riskierte den Sprung.

      a) Obwohl das Fenster sehr hoch lag, riskierte Volker den Sprung.
      b) Das Fenster lag sehr hoch; trotzdem riskierte Volker den Sprung.
      c) Zwar lag das Fenster sehr hoch, aber / doch Volker riskierte den Sprung.

1) Marie hat eine gut bezahlte Stelle. Sie ist nicht zufrieden.

2) Es regnete ununterbrochen. Die Arbeiten wurden fortgesetzt.

3) Die Kinder flüsterten. Sibylle verstand fast jedes Wort.

4) Ein Motor fiel aus. Der Pilot konnte sicher landen.

5) Das Wasser ist sehr verschmutzt. Viele Städter baden im Fluss.

6) Die Mannschaft spielte schlecht. Sie erreichte ein Unentschieden.

7) Nur 15 Leute hatten sich angemeldet. Die Fahrt wurde durchgeführt.

8) Rolfs Arabischkenntnisse waren gering. Er konnte dem Gespräch folgen.

9) Ich hatte Herrn Hobelmann den Weg genau beschrieben. Er verlief sich in der Dunkelheit.

10) Das Fachbuch wurde vor 30 Jahren verfasst. Es ist auch heute noch lesenswert.

11) Die Feuerwehr wurde erst spät verständigt. Sie konnte den Brand noch löschen.

12) Die Straße war gesperrt. Sie wurde von vielen Autofahrern benutzt.

13) Die Anschrift war unvollständig. Der Empfänger des Pakets konnte gefunden werden.

14) In der Stadt herrschte Ausgangsverbot. Der Flüchtling wagte sich ins Freie.

15) Die Berufsaussichten waren ungünstig. Waldemar beschloss, Psychologie zu studieren.

16) Sie faltete das Tuch mehrmals. Es passte nicht in die Tüte.

17) Der Staat schränkte die Ausgaben ein. Der Schuldenberg wuchs.

18) Der Arzt hatte sie davor gewarnt. Verena rauchte wie ein Schlot[*].

[*] Schlot, -e = Kamin, Schornstein

78 Bildung von Konzessivsätzen ✱

Beispiel: *Trotz der Kälte* fand das Konzert im Freien statt.   *Obwohl es kalt war,* fand ...

1) *Ungeachtet seines nur vierstündigen Schlafs* nahm Helmar an der Konzertprobe teil.
2) *Gegen den Rat eines Freundes* verlängerte er den Vertrag.
3) *Trotz chronischen Geldmangels* trägt Irma immer teure Kleider. *(Geld)*
4) *Trotz seiner heftigen Gegenwehr* nahmen die Räuber dem Spaziergänger die Tasche ab. *(sich wehren)*
5) *Trotz ihrer Jugend* wirkt sie schon sehr reif.
6) *Bei allem Verständnis für deine Lage* – Geld kann ich dir nicht geben. *(sosehr, verstehen)*
7) *Trotz der geringen Entfernung zum Theater* nahm sie ein Taxi. *(Nähe)*
8) *Trotz ihrer gegenseitigen Sympathie* hatten sie Angst vor einem persönlichen Gespräch.
9) *Ungeachtet seiner schlechten Erfahrungen* nahm Herr Krone mit der Firma wieder Kontakt auf.
10) *Für einen Ausländer* spricht er erstaunlich gut Deutsch.
11) *Trotz seines burgenähnlichen Aussehens* ist das Haus nicht sehr alt.
12) *Trotz seines friedlichen Wesens* gibt es ständig Streit mit der Nachbarin. *(Mensch)*
13) *Trotz der Kompromissbereitschaft beider Seiten* endeten die Gespräche ergebnislos.
14) *Ungeachtet seiner geringen Russischkenntnisse* verzichtete er auf einen Dolmetscher. *(kaum)*
15) *Trotz seiner großen Macht* konnte er das Vorhaben nicht verhindern. *(verfügen)*
16) *Trotz heftiger Proteste* bekam sie das Geld nicht zurück.

1) _____
2) _____
3) _____
4) _____
5) _____
6) _____
7) _____
8) _____
9) _____
10) _____
11) _____
12) _____
13) _____
14) _____
15) _____
16) _____

Beispiel:	*Obwohl er sehr schnell fuhr,* konnte ihn die Polizei einholen.
	Trotz seiner hohen Geschwindigkeit …

1) Obwohl es schrecklich heiß war, …
2) Obgleich sie sich lange Jahre kannten, …
3) Obwohl die Straßen schlecht waren, …
4) Obwohl er sich oft irrte, …
5) Auch wenn ihr Freunde seid, …
6) Obwohl man dort gut einkaufen kann, …
7) Obwohl man nicht parken durfte, …
8) Obwohl wir genau aufpassten, … *(Aufmerksamkeit)*
9) Obgleich Alfred nie Erfolg hatte, … *(Misserfolge)*
10) Auch wenn ihr viel Geld hattet, …
11) Obwohl er nur wenige Wörter (der Fremdsprache) kennt, … *(Wortschatz)*
12) Obwohl sie helfen wollte, …
13) Obwohl wir für die Prüfung zu wenig getan hatten, … *(ungenügend)*
14) So gut du dich in diesem Fach auch auskennst, … *(Fachkenntnisse)*
15) Obwohl sie moderne Kunst interessant findet, …
16) Obwohl er nie spricht, …
17) Obwohl man alle Bücher gleich zurückgab, …
18) Obwohl wir uns die Stadt nur kurz angeschaut hatten, … *(Stadtbesichtigung)*
19) Obwohl sie gesagt hat, sie würde zum Fest kommen , … *(Zusage)*

1) _____
2) _____
3) _____
4) _____
5) _____
6) _____
7) _____
8) _____
9) _____
10) _____
11) _____
12) _____
13) _____
14) _____
15) _____
16) _____
17) _____
18) _____
19) _____

Handlungen
zu bestimmten Zwecken

80–82   *Finale Beziehungen*

Verbinden Sie die Sätze mit *damit* oder *um ... zu* und formen Sie die Sätze, wenn nötig, um.
Abkürzungen: *u* = um zu;   *d* = damit

Beispiel: Er beeilte sich.   a) Er wollte pünktlich sein.   b) Niemand sollte auf ihn warten.

a) Er beeilte sich, *um pünktlich anzukommen.*
b) Er beeilte sich, *damit niemand auf ihn warten musste.*

80   Stefanie besuchte ihren Onkel.
a) Er hatte Geburtstag.
b) Er sollte ihr bei einem Aufsatz helfen.
c) Sie musste mit ihm über den Ausflug sprechen.

d) Sie hoffte, dass er ihr das Fahrrad
reparierte. *(u/d)*

Stefanie besuchte ihren Onkel,
a) _____
b) _____
c) _____
d1) _____
d2) _____

81   Herr Huber reiste nach Italien.
a) Seine Frau hatte sich diese Reise gewünscht.
   (u; Wunsch)
b) Er hatte sich schon lange nicht mehr richtig erholt.

c) Er hatte vor, seinen Kindern Kunst-
schätze zu zeigen. *(u/d)*
d) Vielleicht wurde sein Italienisch wieder
besser. *(u)*

Herr Huber reiste nach Italien,
a) _____
b) _____
c1) _____
c2) _____
d) _____

82   Herr Brückner besucht juristische Kurse.
a) Er beabsichtigt, seine berufliche Qualifikation
zu erhöhen.
b) Er hofft, dass er dann seine Kunden besser
beraten kann.

c) Niemand soll ihn mehr betrügen
können. *(u/d)*
d) Er will nicht so viel Geld für Rechtsan-
wälte ausgeben.

Herr Brückner besucht juristische Kurse,
a) _____
b) _____
c1) _____
c2) _____
d) _____

Art und Weise von Handlungen

83 Konstruktionen mit / ohne Infinitiv

Verbinden Sie die Sätze mit den Konjunktionen *um ... zu; damit; ohne ... zu; ohne ... dass; (an)statt ... zu; (an)statt dass.* Die Sätze sind dabei umzuformen.

Beispiel:	Sie ging vorbei. Sie grüßte nicht.	Sie ging vorbei, *ohne zu grüßen.*
	Sie blieb stehen. Sie lief nicht weg.	Sie blieb stehen, *statt wegzulaufen.*
	Versteck dich! Niemand soll dich sehen.	Versteck dich, *damit dich niemand sieht.*

1) Lola verließ die Bar. Sie drehte sich dabei nicht um.
2) Wir sagen ihr alles; sonst hält sie uns für Betrüger.
3) Ruf mich bitte an! Ich möchte Bescheid wissen.
4) Herr Widmann wollte sich eine Eigentumswohnung kaufen; deshalb lieh er sich Geld.
5) Manfred begann viel zu spät mit den Vorbereitungen; stattdessen frühstückte er bis elf Uhr.
6) Stell den Herd ab! Sonst läuft die Milch über.
7) Er passierte mehrere Straßenkontrollen, doch niemand erkannte ihn. *(Aktiv/Passiv)*
8) Der Tourist suchte eine halbe Stunde auf seinem Stadtplan. Er bat niemanden um Auskunft.
9) Er schlich auf Zehenspitzen aus dem Haus; die Nachbarn sollten ihn nämlich nicht hören.
10) Der Tag verging. Nichts ereignete sich.
11) Ilse öffnete das Paket nicht, sondern schickte es zurück.
12) Sie lief durch den Regen. Sie stellte sich nicht unter.
13) Er fragte nur wenig und machte sich gleich an die Arbeit.

1) _____
2) _____
3) _____
4) _____
5) _____
6) _____
7) _____

8) _____
9) _____
10) _____
11) _____
12) _____
13) _____

84 *Bildung von Modalsätzen* ✶

Beispiel: Sie halten sich *durch Sport* gesund.
Sie halten sich gesund, *indem sie Sport treiben*.

1) Er drückte *mit aller Kraft* gegen die Tür.
2) Er verhielt sich zu mir *wie zu einem Kollegen*.
3) Dieses Musikstück klingt *nach Mozart*. *(komponieren)*
4) *Wider Erwarten* schickte sie mir eine Einladung. *(Sie ...)*
5) Verbessern Sie Ihr Deutsch *durch Lektüre von Zeitungen*.
6) *Einem Bericht der Süddeutschen Zeitung vom Montag zufolge* plant die Regierung eine Rentenreform.
7) *Entgegen allen Befürchtungen* wurden die Importe nicht beschränkt.
8) Der Diktator regierte *nach seinem Belieben*. *(wollen)*
9) Das Bild sah *wie das Werk eines Anfängers* aus. *(malen)*

10) *Statt eines Arztbesuchs* ließ er sich von einer Nachbarin behandeln. *(gehen)*
11) Sie machte ihre Arbeit *nach bestem Wissen und Gewissen*. *(können)*
12) Du musst die Sache *ohne Zeitverluste* hinter dich bringen.
13) Die Mannschaft kehrte *ohne Sieg* nach Hause zurück. *(Spiel)*
14) Er sprach überdeutlich *wie bei einem Vortrag*.
15) Der Gast sprang auf und schlug *wie verrückt* um sich. *(Verstand, verlieren)*
16) *Meines Wissens* ist der Kurs schon ausgebucht.
17) Entscheiden Sie sich *möglichst rasch!*
18) *Durch seine häufigen Reisen* kennt er die halbe Welt. *(Reisen)*

1) _____
2) _____
3) _____
4) _____
5) _____
6) _____
7) _____
8) _____
9) _____
10) _____
11) _____
12) _____
13) _____
14) _____
15) _____
16) _____
17) _____
18) _____

Verbinden Sie die Sätze mit *während* oder *im Gegensatz zu.*

Beispiel: Jan war ein Frühaufsteher; seine Frau dagegen wurde erst abends munter.

Während Jan ein Frühaufsteher war, wurde seine Frau erst abends munter.

Im Gegensatz zu Jan, der ein Frühaufsteher war, wurde seine Frau erst ...

Bei Verwendung von „im Gegensatz zu" ist zu prüfen, ob der Relativsatz entfallen kann: Im Gegensatz zu ihrer Freundin, *die den Abend genoss,* machte Else die Party keinen Spaß. Besser ist die Formulierung: Im Gegensatz zu ihrer Freundin machte Else die Party keinen Spaß.

1) Seine Freunde waren längst berufstätig, aber er studierte immer noch.

2) Nordeuropa versank im Schnee. In Mittel- und Südeuropa dagegen herrschte Frühlingswetter.

3) Ulrike ist sehr hilfsbereit; ihre Schwester dagegen drückt sich vor* jeder Arbeit.

4) Hunde brauchen den Menschen sehr; Katzen dagegen sind auf Menschen kaum angewiesen.

5) Der Busfahrer wurde schwer verletzt; die Fahrgäste dagegen kamen mit dem Schrecken davon.

6) Edgar blieb stehen und betrachtete das alte Haus; die anderen dagegen gingen achtlos weiter.

7) Die Romane des Schriftstellers wurden überall gelesen. Seine Gedichte indessen blieben so gut wie unbekannt.

8) Der Minister glaubte an eine gütliche Lösung; seine Amtskollegen dagegen sahen dafür keine Chance.

9) Früher beschäftigte sie sich nicht mit moderner Kunst; heute dagegen hat sie großes Interesse daran.

1) _____

_____

2) _____

_____

3) _____

_____

4) _____

_____

5) _____

_____

6) _____

_____

7) _____

_____

8) _____

_____

9) _____

_____

* *sich vor etwas drücken* = einer Arbeit, Pflicht usw. aus dem Weg gehen.

Weitere Satzverbindungen

86 Verbindungen mit kopulativen Konjunktionen.

Verbinden Sie die folgenden Sätze mit den Konjunktionen *einerseits – andererseits, nicht nur – sondern auch, weder – noch, entweder – oder.*

Beispiel: *Einerseits* klagt sie über Geldmangel; *andererseits* kauft sie die teuersten Sachen.
Es nahmen *nicht nur* Bauern teil, *sondern* es kamen *auch* Leute aus der Stadt.
Er hat *weder* die Uni abgeschlossen *noch* hat er sich um eine Stelle beworben.
Entweder kommen Sie zu uns *oder* wir treffen uns in der Stadt.

1) Man gibt solche Experimente freiwillig auf. Man wird sie verbieten.
2) Werner möchte das Konzert nicht versäumen. Er wäre zu gern auf die Party gegangen.
3) Gerti ist nicht zu der Veranstaltung gekommen. Sie hat sich für ihr Fehlen nicht entschuldigt.
4) Niemand hielt den Dieb. Die Polizei wurde nicht verständigt.

5) Der Autofahrer war zu schnell gefahren. Er besaß keinen Führerschein.
6) Schauen Sie um 9 Uhr im Büro vorbei! Rufen Sie mich um 8 Uhr zu Hause an!
7) Du bist zu früh gekommen. Meine Uhr geht nach.
8) Die Maschine kostet viel zu viel. Sie ist schwierig zu bedienen.
9) Dieser Mann ist zu seinem Entschluss nicht gezwungen worden. Man hat ihm auch kein Geld dafür angeboten.

1) _____

2) _____

3) _____

4) _____

5) _____

6) _____

7) _____

8) _____

9) _____

87–92   *Bildung von Relativsätzen*

Verbinden Sie den unterstrichenen Satz mit den Sätzen a, b, c usw. mit Hilfe eines Relativpronomens.

Beispiel:	An der Ecke stand eine Frau.	An der Ecke stand eine Frau,
	a) Sie wirkte sehr nervös.	a) *die* sehr nervös wirkte.
	b) Viele drehten sich nach ihr um.	b) *nach der* sich viele umdrehten.

87   Robert steuerte einen uralten Wagen (Auto, Limousine).

a) Sieben Mädchen saßen darin.
b) Die Motorhaube des Wagens war mit Blümchen bemalt.
c) Alle Kinder wollten sich hineinsetzen.
d) Über die Herkunft des Wagens wusste niemand Bescheid.
e) Das sah sehr lustig aus.

Robert steuerte einen uralten Wagen,

a) _____

b) _____

c) _____

d) _____

e) _____

88   Auf dem Fest traf Claudia Leute.

a) Einige Leute kannte sie schon.
b) Sie hätte sich gerne mit ihnen unterhalten.
c) Sie wunderte sich über ihr Benehmen.
d) Claudia war neugierig auf sie.

Auf dem Fest traf Claudia Leute,

a) _____

b) _____

c) _____

d) _____

89   Der Angeklagte (e Angeklagte; Verhaftete, Pl.) soll mehrere Diebstähle begangen haben.

a) Die Morgenzeitungen berichten über seine Verhaftung.
b) Die Polizei kam ihm zufällig auf die Spur.
c) Seine Eltern besitzen eine Bekleidungsfirma.
d) Er führte ein unauffälliges Leben.

Der Angeklagte,

a) _____

b) _____

c) _____

d) _____

soll mehrere Diebstähle begangen haben.

90 In Margarinien gibt es erstklassige Hochschulen.

a) Über 300 000 Studenten studieren an diesen Hochschulen.

b) Zwei davon sind über 300 Jahre alt.

c) Der Staat stellt für sie umfangreiche Mittel bereit.

d) An ihren Instituten lehren mehrere Nobelpreisträger.

In Margarinien gibt es erstklassige Hochschulen,

a) _____

b) _____

c) _____

d) _____

91 Der Ingenieur stellte einen Apparat / ein Gerät / eine Maschine vor.

a) Seine / ... Entwicklung kostete etwa eine halbe Million Mark.

b) Man kann damit auch Kunststoffe bearbeiten.

c) Die Fachwelt hatte schon auf diesen Apparat / ... / ... gewartet.

d) An seiner / ... baldigen Verwendung ist Firma Wötzli interessiert.

Der Ingenieur stellte einen Apparat/.../... vor,

a) _____

b) _____

c) _____

d) _____

92 Bücher, ..., dürfen nicht entliehen werden.

a) Es gibt nur ein Exemplar davon.

b) Auf ihrem Einband ist ein roter Punkt.

c) Wir haben keinen Ersatz dafür.

d) Viele Studenten sind darauf angewiesen.

e) Ihr Erscheinungsjahr liegt vor 1920.

Bücher,

a) _____

b) _____

c) _____

d) _____

e) _____

dürfen nicht entliehen werden.

93/94   Umformung indirekter Fragesätze

Bei den folgenden Übungen muss für den Nebensatz ein Präpositionalobjekt gefunden werden. Das Subjekt des Nebensatzes wird dabei zum Genitiv des Objekts. Als Vorübung eignen sich die Übungen 46–50.

> **Beispiel:**   Er fragt, wo *Christoph wohnt.*   Er fragt *nach Christophs Adresse.*

93

Zu verwendende Wörter: *Aufenthalt, Ergebnis, -gehalt, Maße, Nachfolger, Titel, Verfasser, Wort, Zeitpunkt, Zweck ...*

Er fragt,   Er fragt

1) wie schwer der Koffer ist. _____
2) wozu diese Maßnahmen dienen. _____
3) was in dem Paket ist. _____
4) wie schnell sich U-Boote bewegen. _____
5) was dieses Fremdwort heißt. _____
6) warum alle so aufgeregt sind. _____
7) wie weit es bis zur Grenze ist. _____
8) ob es Kontrollen geben muss. _____
9) wie warm das Wasser ist. _____
10) wie spät es ist. _____
11) der wievielte heute ist. _____
12) wie der Held des Romans heißt. _____
13) wie die Verhandlungen endeten. _____
14) warum wir eine Panne haben. _____
15) wo sich unsere Gruppe trifft. _____
16) wie ich zum Bahnhof komme. _____
17) wann sich der Unfall ereignete. _____
18) was Bernd am liebsten isst. _____
19) wer den Artikel geschrieben hat. _____
20) wem das Fahrzeug gehört. _____
21) wie lange wir bleiben. _____
22) wie viel Fett in der Milch ist. _____
23) wer nach ihm die Stelle bekommt. _____
24) wer die Karte abgeschickt hat. _____
25) worüber diskutiert wird. _____
26) wie der Film heißt. _____
27) für wen der Brief bestimmt ist. _____
28) wie „Tasche" auf englisch heißt. _____
29) wann er wieder zum Arzt muss. _____
30) wie teuer das Studium ist. _____
31) wie viele Teilnehmer dabei sind. _____

94 Umformung indirekter Fragesätze ✶

Zu verwendende Wörter: *Anlass, Aufgaben, Befinden, Eignung, Gehalt, Häufigkeit, Herkunft, Qualität, Sinn, Unterkunft, Ursprung, Verdienste, Vertreter, Vorgänger, Zubereitungsart* u.a.

Sie fragt,   Sie fragt

1) wie gut die Ware ist.
2) wie oft dort gestohlen wird.
3) wie viel ein Beamter im Monat verdient.
4) wozu Strafen eigentlich gut sind.
5) wie viele Stunden man dort in der Woche arbeiten muss.
6) ob es dem Verunglückten gut geht.
7) was die Priester dort anhaben.
8) wo ich tätig sei.
9) woraus die Platte gemacht ist.
10) wie es mit der Firma einmal weitergehen werde.
11) wo man hier übernachten kann.
12) woher das Sprichwort kommt.
13) wie man diesen Pudding macht.
14) woran der Patient leidet.
15) welcher Mann mit Frau Pröll kam.
16) wie viel Geld man für das Gemälde bekommen könnte.
17) wer vor Elmar die Stelle hatte.
18) was er alles für das Land getan hat.
19) was die Kommission alles tun muss.
20) ob Gabi schlank oder mollig ist.
21) ob man diesen Sänger gern hört.
22) warum es zum Streit gekommen ist.
23) wer ihn informiert hat.
24) wer heute anstelle von Herrn Zech arbeitet.
25) ob er für diesen Posten der richtige Mann ist.
26) ob hier Süden oder Westen sei.
27) wer die Klasse unterrichtet.
28) ob dem Politiker schon vieles gelungen ist.

95 Nebensätze aus Präpositionalobjekten ✖

Das kursiv gedruckte Präpositionalobjekt soll in einen Nebensatz verwandelt werden. Die Hinweiswörter *(darauf, darüber, davon* usw.) sind manchmal obligatorisch (Beispiel 1), manchmal können sie entfallen (Beispiel 2).

Beispiel: 1) Ich warte *auf ihren Brief.*   Ich warte *darauf, dass Sie mir schreiben.*
2) Wir freuen uns *auf deinen Besuch.*   Wir freuen uns *(darauf), dass du uns besuchst.*

1) Frau Berg freut sich *über die Kochkünste ihres Sohnes.*

2) Viele Schüler leiden *an Konzentrationsschwäche. (können)*

3) Plötzlich erinnerte sie sich *an das Vergessene.*

4) Niemand fragte *nach dem Zeitpunkt ihrer Eheschließung.*

5) Die Helfer haben einen Anspruch *auf Bezahlung.*

6) Ich habe immer Angst *um das Kind. (passieren)*

7) Er hofft *auf eine Mitfahrgelegenheit nach Rom. (können)*

8) Wir wunderten uns *über das Ausbleiben der Gäste. (kommen)*

9) Hat dir die Kleine *von ihren Weihnachtswünschen* erzählt?

10) Glauben Sie *an seine sportlichen Fähigkeiten? (Sportler)*

11) Sie wusste nichts *von der Impfpflicht* bei Afrikareisen.

12) Deine Müdigkeit kommt *von deinen vielen Überstunden.*

13) Haben Sie schon *von der neuen Minirockmode* gehört?

14) Wir waren sehr neugierig *auf seine Antwort.*

15) Niemand interessierte sich *für den Verbleib des Geldes.*

16) Ich bin *gegen eine Verlegung des Turniers auf Mai. (stattfinden)*

17) Sie sehnt sich *nach Ruhe. (lassen / Passiv)*

1) _____

2) _____

3) _____

4) _____

5) _____

6) _____

7) _____

8) _____

9) _____

10) _____

11) _____

12) _____

13) _____

14) _____

15) _____

16) _____

17) _____

Formen Sie die kursiv gedruckten Nebensätze in nominale Ausdrücke um. Verb und Objekt werden dabei jeweils durch eine Präposition verbunden.

Beispiel: Alles hängt *davon* ab, *ob ihr uns helft.*   Alles hängt *von eurer Hilfe* ab.

1) Der General besteht *darauf, dass alle Be-fehle ausgeführt werden.* (Gehorsam)
2) Starb der Astronaut *daran, dass er zu wenig Sauerstoff bekam?* (-mangel)
3) Wir baten sie, *noch ein wenig zu warten.*
4) Er ist bekannt *dafür, dass er sich alles merken kann.*
5) Frag *danach, wie man am billigsten zum Stadion fährt!* (Verkehrsmittel)
6) Alle wunderten sich, *wie viel die Kinder aßen.* (Appetit)
7) Erst spät erfuhr ich, *dass er sich am Fuß weh getan hatte.*
8) Der Pilot lud uns ein, *mit ihm drei Stunden zu fliegen.*
9) Wissen Sie, *dass der Verein das Spiel verloren hat?* (Niederlage)

10) Ich bin damit einverstanden, *dass der Ausflug später stattfindet.* (Verschie-bung)
11) Er hatte keine Ahnung, *was sie dachte.*
12) Manche regten sich auf, *dass der Bus nicht pünktlich kam.*
13) Die Zeitung berichtete, *dass ein Häftling entkommen ist.*
14) Wir sind *darauf* angewiesen, *dass ihr uns nicht alleine arbeiten lasst.*
15) Es ist schon zu spät, *als dass wir bei Veronika noch vorbeischauen könnten.*
16) Wir waren überrascht, *wie schnell der Baum groß wurde.* (Wachstum)
17) Er wurde bestraft, *weil er Schnaps illegal über die Grenze gebracht hatte.*

1) _____
2) _____
3) _____
4) _____
5) _____
6) _____
7) _____
8) _____
9) _____
10) _____
11) _____
12) _____
13) _____
14) _____
15) _____
16) _____
17) _____

➔ ➔ 11 bis 15

Zusammenfassende Übungen

97/98   Bildung verschiedener Nebensätze

Formen Sie die kursiv gedruckten Satzteile in Nebensätze um.

Beispiel:	Ohne Decken wäre er erfroren.	Wenn er keine Decken gehabt hätte, wäre er …
	Trotz der Decken fror er.	Obwohl er Decken hatte, fror er.

97

1) *Bei weiter sinkenden Temperaturen* müssen die Arbeiten unterbrochen werden. *(kalt)*
2) *Bei jeder Bewegung* schmerzte mir der Rücken.
3) *Aus finanziellen Gründen* hat Max jetzt bei der Firma gekündigt. *(verdienen)*
4) *Trotz des Blumenschmucks* wirkt das Zimmer kalt. *(Blumen)*
5) *Ungeachtet aller Warnungen* unterschrieb sie den Vertrag.
6) *Durch Sport* halten sich viele Menschen fit.
7) *Zu ihrer Enttäuschung* bekamen die Kinder nur zehn Mark. *(Die Kinder bekamen ...)*
8) Wir können uns *an einem beliebigen Ort* treffen. *(wollen)*

9) Warte mit der Entscheidung *bis zu meiner Rückkehr!*
10) Er will das Geschäft *ohne Trennung von seinem Partner* weiterführen.
11) Er darf vom Kuchen *eine beliebige Menge* essen. *(wollen)*
12) *Trotz seines ständigen Kopfwehs* will er nicht zum Arzt gehen. *(leiden)*
13) Ihm fehlt das Geld *für eine so teure Reise. (sich leisten)*
14) Kommissar Keller fuhr *mit Höchstgeschwindigkeit. (schnell)*
15) Ich fühlte mich *wie nach einer Operation.*
16) *Trotz des Schlafmittels* konnte sie nicht einschlafen.

1) _____
2) _____
3) _____
4) _____
5) _____
6) _____
7) _____
8) _____
9) _____
10) _____
11) _____
12) _____
13) _____
14) _____
15) _____
16) _____

98 Bildung verschiedener Nebensätze ×

1) *Bei einer schärferen Kontrolle* wäre die Fälschung sicher aufgefallen.
2) *Wegen des starken Ölgeruchs* musste man in einen anderen Saal umziehen.
3) Die Kundgebung ging *ohne besondere Ereignisse* zu Ende.
4) *In eurer Lage* hätte ich mich anders verhalten.
5) Ich öffne das Päckchen nur *in Gegenwart von Zeugen.*
6) Niemand bemerkte ihn *trotz seiner Hilferufe.*
7) *Bei fehlerhafter Bedienung des Apparats* kann es zu einer Explosion kommen. *(falsch)*
8) *Mit Meyer als Vorsitzendem* hätte die Partei die Wahl wohl gewonnen.
9) *Mittels neu entwickelter Geräte* konnten die Techniker die Flugeigenschaften verbessern. *(verwenden)*
10) *Günthers Interesse* an alten Möbeln überrascht mich.
11) Nehmen Sie die Formulare *zur Überprüfung* mit. *(Passiv)*
12) *Für diesen Posten* dürfte er zu unerfahren sein. *(übernehmen)*
13) Die Wissenschaftler wären *ohne diese Experimente* nie so weit gekommen. *(durchführen)*
14) *Wegen des Teilnahmeverzichts mehrerer Staaten* wurden die Wettkämpfe abgesagt.
15) Sie können sich *meinen Schrecken* nicht vorstellen.
16) Wir sollten mit den Maßnahmen nicht *bis zu einer Katastrophe* warten. *(kommen)*
17) *Nach der Korrektur der Arbeiten* trug man die Ergebnisse in Listen ein.

1) ______________________________

2) ______________________________

3) ______________________________

4) ______________________________

5) ______________________________

6) ______________________________

7) ______________________________

8) ______________________________

9) ______________________________

10) ______________________________

11) ______________________________

12) ______________________________

13) ______________________________

14) ______________________________

15) ______________________________

16) ______________________________

17) ______________________________

99–101 *Umformung verschiedener Nebensätze* ✗

Formen Sie die kursiv gedruckten Satzteile in nominale Ausdrücke um.

99

1) *Wenn ihr uns keine Decken geliehen hättet,* wäre es eine kalte Nacht geworden.
2) Es ging zu*, *als ob man einen Sieg feiern würde.*
3) Ich schicke ihr ein Foto, *damit sie mich nicht vergisst. (Erinnerung)*
4) *Sofern das Treffen für Juni vorgesehen ist,* komme ich. *(Termin)*
5) Wir öffneten die Kiste, *indem wir einen Haken benutzten.*
6) *Seit ihr zum letzten Mal geschrieben habt,* hat sich hier viel geändert.
7) Ich besuche Sie, *sobald es geht. (nächst-)*
8) *Als er nach Hause fuhr,* bemerkte er, dass ihm ein grauer Ford folgte.
9) *Nachdem sie lange gezögert hatte,* entschloss sie sich doch noch zum Kauf.
10) Die Höhle wurde entdeckt, *was ein Zufall war.*
11) Freunde konnten verhindern, *dass er sich das Leben nahm.*
12) *Um mir zu danken, dass ich ihr geholfen hatte,* schenkte sie mir ein Buch.
13) *Kurz bevor ihr erster Sohn zur Welt kam,* zogen sie um.
14) *Damit Sie den Text besser verstehen,* erhalten Sie Worterklärungen.
15) Zeigen Sie mir, *wie viel übrig geblieben ist!*
16) Sie erzählte das Erlebnis, *wobei sie sehr leise sprach.*
17) Der Patient war geschwächt, *weil er viel Blut verloren hatte.*

1) _____
2) _____
3) _____
4) _____
5) _____
6) _____
7) _____
8) _____
9) _____
10) _____
11) _____
12) _____
13) _____
14) _____
15) _____
16) _____
17) _____

* es geht zu = es ist viel los, es sind viele Leute da

1) Gibt es ein Weiterleben, *wenn man gestorben ist?*
2) Man war sehr beunruhigt, *dass die Sekretärin plötzlich weg war. (Verschwinden)*
3) *Als Hans zur Schule ging,* lief eine Katze an ihm vorbei.
4) *Solange der Urlaub dauerte,* war sie kein einziges Mal krank.
5) Wir wussten nicht, *dass seine Diplomarbeit fertig war.*
6) Niemand hatte *damit* gerechnet, *dass sie noch kam.*
7) Er will sein Vorhaben nicht aufgeben, *obwohl die Kollegen mit manchem nicht einverstanden sind. (Einwände)*
8) *Sosehr er sich auch bemühte,* er konnte ihre Adresse nicht herausfinden.
9) Er begann einen Streit, *wozu er keinen Grund hatte.*
10) Alles wird so umgebaut, *wie er es sich vorgestellt hat.*
11) *Wenn es der Partner nicht will,* dürfen Sie den Vertrag nicht ändern. *(Zustimmung)*
12) Er ist immer unterwegs, *außer wenn es sehr neblig ist.*
13) Man sieht dem Mann an, *dass er 8 Jahre gefangen war.*
14) *Ehe sie geheiratet hatte,* hatte sie nur selten gekocht.
15) *Obwohl ein Musiker mitteilte , er sei verhindert ,* konnte das Konzert stattfinden. *(Absage)*
16) Fred erkundigte sich, *wie er zum Rathaus gehen sollte.*
17) Sie ist neugierig, *was Opa noch aus seiner Kindheit weiß.*
18) Er fragte einen Anwalt, *weil er um Marlene besorgt war.*
19) Die Veranstaltung wird in den Saal verlegt, *weil es zu wenig Platz gibt.*

1) _____
2) _____
3) _____
4) _____
5) _____
6) _____
7) _____
8) _____
9) _____
10) _____
11) _____
12) _____
13) _____
14) _____
15) _____
16) _____
17) _____
18) _____
19) _____

1) Sie mietete das Zimmer, *zumal es günstig lag.*

2) Der Verein geht in Konkurs, *weil er außerstande ist, seine Schulden zu bezahlen. (Zahlungsunfähigkeit)*

3) *Obwohl sie dort weniger Geld bekommt,* arbeitet sie am liebsten an ihrem Wohnort.

4) *Als er Lehrling war,* spielte er bereits in einer Jazzband. *(Lehrzeit)*

5) *Solange das Kind dabei war,* sprachen sie nur Ungarisch.

6) Man sorgte dafür, *dass keiner zu viel und keiner zu wenig bekam. (gerecht)*

7) Sie sollte nicht rauchen, *wenn sie ein Kind erwartet.*

8) *Wenn Sie mehr davon brauchen,* dauert die Lieferung 8 Tage. *(Bedarf)*

9) Er fragt mich oft, *ob mein Verfahren besser ist als andere. (Vorteile)*

10) Ich kann nicht nachdenken, *wenn es so laut ist. (Lärm)*

11) Niemand ahnte, *dass der Gefangene fliehen wollte.*

12) *Obwohl er viel älter ist als sein Kollege,* arbeiten die beiden gut zusammen. *(Altersunterschied)*

13) Er durfte das Gebäude nur verlassen, *wenn zwei Polizisten mitgingen. (Begleitung)*

14) Firma Röder sendet mir Muster, *damit ich sie mir ansehen kann.*

15) Die Terroristen drohten *damit, die Geiseln umzubringen.*

16) Man hat Mitleid mit ihr, *weil sie sich nicht zu helfen weiß. (Hilflosigkeit)*

17) Wir versperrten die Tür, *damit Diebe nichts stahlen. (Schutz)*

1) _____

2) _____

3) _____

4) _____

5) _____

6) _____

7) _____

8) _____

9) _____

10) _____

11) _____

12) _____

13) _____

14) _____

15) _____

16) _____

17) _____

Textgerüste

Zusätzlich zu den in den Übungen verwendeten Zeichen finden bei den folgenden Textgerüsten untenstehende Symbole und Abkürzungen Verwendung.

1. Temporale Beziehung

gz
(= gleich-
zeitig)

gz: <u>wir</u> – treten – Straße
<u>es</u> – sein, (schon) dunkel

(Als wir auf die Straße traten, war es schon dunkel.)

<u>Weitere Konjunktionen:</u> *(immer) wenn, sobald , während, sooft usw.*

dann

<u>Gäste</u> – essen
dann: <u>Hausherr</u> – halten – Rede

(Nachdem die Gäste gegessen hatten, hielt der Hausherr eine Rede.)

<u>Weitere Konjunktionen:</u> *als, sobald; kaum*

2. Kausale Beziehung

G
(= Grund)

G: <u>wir</u> – verlassen – Lokal
<u>Bedienung</u> – sein, unhöflich

(Wir verließen das Lokal, weil die Bedienung unhöflich war.)

<u>Weitere Konjunktionen:</u> *da, denn, nämlich*

F
(= Folge)

F: <u>Gunter</u> – vergessen – Pass
(____) – müssen zurückfahren

(Gunter hatte den Pass vergessen; darum musste er zurückfahren.)

<u>Weitere Konjunktionen:</u> *dass, so dass; also, daher, deshalb, deswegen usw.*

3. Konditionale Beziehung

Bed
(= Be-
dingung)

Bed: <u>Kunde</u> – (sofort) zahlen
dann: (____) – bekommen – 3% Rabatt

(Wenn der Kunde sofort zahlt, bekommt er 3% Rabatt.)

<u>Weitere Konjunktionen:</u> *wenn, falls, vorausgesetzt (, dass); sonst, andernfalls;*
Modalverb *sollen*

4. Konzessive Beziehung

zwar /
aber

zwar: <u>wir</u> – suchen – (ganz) Haus
aber: <u>Koffer</u> – bleiben, verschwunden

(Obwohl wir im ganzen Haus suchten, blieb der Koffer verschwunden.)

<u>Weitere Konjunktionen:</u> *zwar ... aber, auch wenn, trotzdem usw.*

5. Finale Beziehung

Z
(=Zweck)

<u>Karin</u> – sich setzen – vorn
Z: (besser) sehen – alles

(Karin setzte sich nach vorn, um alles besser zu sehen.)

<u>Weitere Konjunktionen:</u> *damit*

6. Gegensätze (Modale Beziehung)

Ggs
(=Gegen-
satz)

        Sonne – scheinen – Norden   *(Während im Norden die Sonne schien,*

Ggs: es – schneien – Süden   *schneite es im Süden.)*

        Weitere Konjunktionen: *dagegen, aber, jedoch* usw.

7. Relativsätze: Das kursiv gedruckte Wort ist durch ein Relativpronomen zu ersetzen.

R
(=Relativ-
satz)

        Kind – spielen – Junge   *(Das Kind spielte mit einem Jungen, der*

R) (*Junge*) – (früher) leben – Rom   *früher in Rom gelebt hatte.)*

        Peter – haben – Freund   *(Peter hat einen Freund, dessen Vater*

R) Vater (*Freund*) – bauen – Boote   *Boote baut.)*

Weitere Zeichen

Tür	Subjekt ist unterstrichen		:	dass–Satz oder Infinitivsatz mit
(___)	Subjekt wie im vorhergehenden Satz			*zu*
			(=)	Apposition (siehe Übung 45)
(Tür)	statt des Nomens (z.B. *Tür*) ist das Pronomen (z.B. *sie*) zu ver- wenden		iR	indirekte Rede
			KII	Konjunktiv II
			P	Vorgangspassiv *(Das Fenster wird geschlossen.)*
+	Reihung: *und; sowie; sowohl …, als auch; nicht nur …, sondern auch; sondern*		=P	Zustandspassiv *(Das Fenster ist geschlossen.)*

Übungsbeispiel

Das folgende Textgerüst enthält alle in den Erläuterungen vorgestellten Symbole und Abkürzungen. Lesen Sie das Textgerüst mehrmals, bis Sie die Sätze auch ohne Lösungsschlüssel formulieren können.

1)   Herr Maier (= pensioniert, Beamter) – aufwachen

   gz: (___) – erschrecken

2) (___) – vergessen:

                 Frau (Maier) – haben – Geburtstag

     + (schnell) müssen kaufen – Geschenk

3) (___) – schleichen – (aus) Schlafzimmer

      + sich anziehen

      + (geräuschlos) verlassen – Wohnung

4) Bus – (zum Glück) (gerade) kommen

   + Maier – fahren – Stadt

5) gelb, Rosen – empfehlen (P) – (Maier) – Blumengeschäft

6) zwar: (<u>Maier</u>) – mögen (/) – gelb, Rosen

    aber: (___) – kaufen – groß, Strauß

7)   (<u>Maier</u>) – eilen – (aus) Geschäft

   G: <u>Bus</u> – (schon) warten – andere Seite

8)   (___) – (rasch) laufen – (über) Straße

    aber: <u>es</u> – sein, zu spät

9) Bed: <u>Busfahrer</u> – sein (KII), höflich

    dann: (___) – (noch) lassen einsteigen (KII) – (Maier)

10) <u>Maier</u> – (verärgert) sich entschließen:

                       losgehen – zu Fuß

11) (___) – treffen – Freund Oskar – (an) Post

   R) (___) – (schon lange) sehen (/) – *(Freund)*

12)   <u>Freude</u> – sein, (so) groß

   F: <u>beide</u> – beschließen:

                 gehen – Café

13)   <u>Maier</u> – wollen trinken – Kaffee

   Ggs: <u>Oskar</u> – bestehen (auf):

                bestellen – Schnaps

14)   <u>Gläser</u> – austrinken (=P)

   dann: <u>Maier</u> – sich erheben

          Z: nach Hause gehen

           + gratulieren – Frau – Geburtstag

15) <u>Oskar</u> – sagen:

         (___) – heimfahren (iR) – (Maier)

16)   <u>Auto</u> – stehen (iR) – (gleich um) Ecke

   + <u>Oskar</u> – (auch) wollen gratulieren (iR)

17) (<u>Maier + Oskar</u>) – (vorher aber) sollen trinken – (zweiter) Schnaps

18) <u>Maier</u> – (nur mehr schwach) protestieren

Lösung

1) Als Herr Maier, ein pensionierter Beamter, aufwachte, erschrak er.

2) Er hatte vergessen, dass seine Frau Geburtstag hatte, und musste schnell ein Geschenk kaufen.

3) Er schlich aus dem Schlafzimmer, zog sich an und verließ geräuschlos die Wohnung.

4) Zum Glück kam gerade der Bus und Maier fuhr in die Stadt.

5) Im Blumengeschäft wurden ihm gelbe Rosen empfohlen.

6) Obwohl Maier gelbe Rosen nicht mochte, kaufte er einen großen Strauß.

7) Er eilte aus dem Geschäft, denn auf der anderen Seite wartete schon der Bus.

8) Rasch lief er über die Straße, aber es war schon zu spät.

9) Wenn der Busfahrer höflich gewesen wäre, (dann) hätte er ihn noch einsteigen lassen.

10) Maier entschloss sich, zu Fuß loszugehen.

11) An der Post traf er seinen Freund Oskar, den er schon lange nicht gesehen hatte.

12) Die Freude war so groß, dass beide beschlossen, ins Café zu gehen.

13) Während Maier Kaffee trinken wollte, bestand Oskar darauf, Schnaps zu bestellen.

14) Als die Gläser ausgetrunken waren, erhob sich Maier, um heimzugehen und seiner Frau zum Geburtstag zu gratulieren.

15) Oskar sagte, er werde ihn heimfahren.

16) Das Auto stehe gleich um die Ecke und er wolle auch gratulieren.

17) Vorher sollten sie aber einen zweiten Schnaps trinken.

18) Maier protestierte nur mehr schwach.

102 Dornröschen (Teil 1)

1) König + Königin – (vor, lang, Zeit) leben

2) es – sein – ihr größter, Kummer:

sie – haben (/) – Kind

3)   Königin – (einmal) sitzen – Bad

   gz: Frosch – kriechen – (Königin)

4) (Frosch) – weissagen* – (Königin):

(Königin) – (ein Jahr) zur Welt bringen – Tochter

5)   Prophezeiung – sich erfüllen

   + Königin – gebären – wunderschön, Mädchen

6) König – (vor lauter Freude*) wollen feiern – groß, Fest

   R) Verwandte + Freunde + Bekannte – sollen teilnehmen – *(Fest)*

7)   (König) – einladen – auch dreizehn, weise, Frauen

   Z: (Frauen) – bringen – Glück – Kind

---

*   weissagen = die Zukunft vorhersagen, prophezeien
*   vor lauter Freude = weil die Freude so groß war

8)   König – (aber) haben – nur zwölf, golden, Teller

    F: dreizehnte, Frau – müssen daheim bleiben

9)   prächtig, Fest – gehen, zu Ende

    gz: weise, Frauen – aussprechen – gut, Wünsche – Kind

10) eine,   Frau – schenken – Tugend* – (Kind)

    andere, (___) – (   ) – Schönheit – ( )

    dritte,   (___) – (   ) – Reichtum – ( )

11)   elfte, Frau – sagen – Wunsch

    dann: dreizehnte, Frau – (plötzlich) hereintreten

12)   (Frau) – wollen sich rächen

    G: (___) – einladen (/) (P)

13) (___) – grüßen (/) + ansehen (/) – jemand

       + (laut, Stimme) rufen:

14) „Königstochter – (fünfzehntes Jahr) sollen – sich stechen – Spindel*

                       + tot hinfallen !"

15) (Frau) – (dann) sich umdrehen

         + (wortlos) verlassen – Saal

16) zwölfte, Frau – (nun) hervortreten

    R) (___) – (noch) übrig haben – Wunsch

17) zwar: (___) – können (/) aufheben* – böse, Spruch

    aber: (___) – können mildern – (Spruch)

18) (___) – sagen:

            „Königstochter –sollen – sterben (/)

                + fallen – tief, Schlaf

          R) (Schlaf) – sollen dauern – hundert, Jahre"

19) König – wollen bewahren – Kind – Unglück

       + lassen verbrennen – sämtlich, Spindeln – Reich

20) alle, gut, Wünsche (weise, Frauen) – sich erfüllen – (an) Mädchen

21)   (Mädchen) – sein, schön, freundlich, verständig

    F: alle, Menschen – lieb haben – (Mädchen)

---

* eTugend/-en = sittlich wertvolle Eigenschaft eines Menschen
* eSpindel/-n = spitzer Körper an Spinnrad oder Spinnmaschine
* aufheben = hier: ungültig, unwirksam machen

22)   Königstochter – werden – fünfzehn Jahre alt

gz: König + Königin – (gerade) sein (/) – zu Hause

23) Mädchen – herumgehen – (um) Schloss

+ kommen – alt, Turm

24) (___) – hinaufsteigen – Wendeltreppe

+ gelangen – klein, Tür

R) verrostet, Schlüssel – stecken – Schloss *(Tür)*

25)   (Mädchen) – umdrehen – Schlüssel

gz: Tür – aufspringen

26) Mädchen – erblicken – alt, Frau

R) *(Frau)* – (da) sitzen – (mit) Spindel

+ spinnen – Flachs

27) (Mädchen) – (auch) wollen spinnen

+ greifen – Spindel

28)   (___) – berühren – Spindel

dann: Zauberspruch – gehen, in Erfüllung

29) Königstochter – sich stechen – Finger

+ fallen – Bett

+ versinken – tief, Schlaf

Dornröschen (Teil 2)

1) Schlaf – sich ausbreiten – ganz, Schloss

2) König + Königin – einschlafen – (mit) Hofstaat*

R) (___) – (eben) heimkommen

3)   Pferde, Stall

+ Hunde, Hof

+ Tauben, Dach

+ Fliegen, Wand – einschlafen

4)   Feuer, Herd – aufhören:

flackern

+ Koch + Küchenjunge – einschlafen

---

* rHofstaat = Gefolge, Dienerschaft usw. (bei Königen)

5) Wind – sich legen

+ Blättchen – (nicht mehr) sich regen – Bäume, (vor) Schloss

6) dicht, undurchdringlich, Dornenhecke – beginnen:

wachsen – (rings um) Schloss

7) (___) – sein, hoch

F: man – können sehen – (nicht einmal) Fahne, Dach

8) Sage, (von) (schlafen) Mädchen – sich verbreiten – ganz, Land

9) viel, Königssöhne – kommen

+ wollen gelangen – Schloss – (durch) Hecke

10) Dornen – (aber) (fest) zusammenhalten

als ob: (___) – haben – Hände

11) Jünglinge – hängen bleiben

+ (nicht mehr) können – sich losmachen

+ sterben** – jämmerlich, Tod

12) Königssohn – (nach, lang, Zeit) (wieder) kommen – Land

13) hundert, Jahre – (gerade) vergehen

+ Tag – kommen *(Plusqu.)*

R) Dornröschen – (wieder) sollen erwachen – *(an) (Tag)*

14) Königssohn – sich nähern – Dornenhecke

gz: Dornen – sich verwandeln – groß + schön, Blumen

15) Hecke – sich öffnen –

Z: durchlassen – Jüngling

+ sich schließen – (hinter) (Jüngling)

16) (Jüngling) – gehen – (durch) Räume (Schloss)

+ sehen – (lauter*) (schlafen) Menschen + Tiere

17) (___) – (schließlich) kommen – alt, Turm

+ öffnen – Tür, (zu, klein) Stube

R) Dornröschen – schlafen – *(Stube)*

18) Mädchen – sein, schön

F: (Jüngling) – können (/) abwenden – Augen – (von) (Mädchen)

---

* lauter = nichts anderes als; nur
** sterben mit Genitiv (veraltet)

19) (Jüngling) – sich beugen – (über) Schlafende

+ küssen – (Schlafende)

20) Dornröschen – aufschlagen – Augen

+ (freundlich) anblicken – (Jüngling)

21) beide – (zusammen) gehen – Schloss

+ alles – erwachen – Zauberschlaf

22) Hochzeit (Königssohn), (mit) Dornröschen – (mit aller Pracht) feiern (P)

+ (Königssohn + Dornröschen) – (vergnügt) leben – Ende

103 Kaiserin Elisabeth von Österreich

1) Elisabeth (= drittes Kind (Herzog Max von Bayern)

– (Weihnachtsabend 1837) zur Welt kommen – München

2) (___) – verleben – Jugend – Schloss, Starnberger See*

3) Vater – beibringen – Reiten – (Elisabeth)

+ unternehmen – ausgedehnt, Wanderungen – (Elisabeth)

4) (Elisabeth) – (1854) vermählen (P)* – Kaiser Franz Joseph I. von Österreich

R) (Kaiser) – (1848) besteigen – österreichisch, Thron

5) Leben, (an) Hof – bedeuten – groß, Umstellung – Siebzehnjährige

6) Elisabeth – (früher) können führen – ungebunden, Leben

Ggs: (___) – (jetzt) müssen sich unterordnen – Hofetikette*

7) Gatte* (Elisabeth) – (ständig) sein, auf Reisen

+ (Elisabeth) – finden (/) – Freunde – Hofgesellschaft

F: jung, Frau – (viel) allein sein

8) (Frau) – beginnen:

lesen – Bücher

+ (stundenlang) spazieren gehen

+ ausreiten – Pferd

---

* Starnberger See = See in der Nähe von München
* vermählen = verheiraten
* eEtikette = gesellschaftliche Umgangsformen

114

9) Verhältnis, Elisabeth + Schwiegermutter – (zunehmend) sich verschlechtern

    G: (Schwiegermutter) – (ununterbrochen) sich einmischen – Leben (jung, Paar)

10) Elisabeth – weinen – verloren, Freiheit

                + schreiben – traurig, Verse

11) (in) Gedichte –

    (___) – sich vergleichen – (mit) Vogel

    R) *(Vogel)* – fangen (=P) – golden, Käfig

12) (___) zur Welt bringen – vier, Kinder

    R) ein, *(Kind)*, (= *Tochter Sophie*) – sterben – (während) Staatsbesuch (Königspaar), Ungarn

13) Kaiserin – (nach) Tod (Kind) werden, schwermütig

14) Ärzte – feststellen:

                        Lunge (Kaiserin) – angreifen (=P)*

      + raten – (Kaiserin):

                        aufsuchen – sonnig, Klima

15) Elisabeth – lassen errichten – Schloss – griechisch, Insel Korfu

    R) (___) – verbringen – groß, Teil (Zeit) – *(Schloss)*

16) (___) – studieren – Altgriechisch

            Z: lesen – Homer – (in) Urtext

      + erlernen – Neugriechisch

            Z: sich unterhalten – Bewohner (Pl.) (Land)

17) erschütternd, Nachricht – (1886) eintreffen – Wien

18) Vetter (Elisabeth) (= König Ludwig II. von Bayern)

                          – auffinden (P) , ertrunken – Starnberger See

    R) Ärzte – erklären, für geisteskrank – *(Vetter)*

19) Elisabeth – loswerden (/) – Gedanke:

                    (auch ___) – (einmal) können verfallen* – Wahnsinn

20) erneut, Schicksalsschlag – (1889) treffen – (Elisabeth)

21) Sohn (Elisabeth) (= Kronprinz Rudolf)

                  – (zusammen mit)(16-jährig) Geliebte – begehen – Selbstmord

22) Kaiserin – (von Unruhe getrieben) flüchten – (aus) Wien

---

* rGatte/-n = Ehemann
* angreifen = hier: schädigen
* dem Wahnsinn verfallen = wahnsinnig werden

23) (___) – (wieder) aufnehmen – griechisch, Studien

       + (viel) dichten + schreiben

24) (___) – (September 1989) eintreffen – Genf

   R) (___) wollen unternehmen – Gebirgstouren + Ausflüge – *(von) (Genf)*

25) (___) – (Tag, nach, Ankunft) ermorden (P) – italienisch, Anarchist – Dolch

26) Leichnam (Elisabeth) – überführen (P) – Wien

              + (feierlich) beisetzen (P) – Burgkapelle

104   Der Hauptmann von Köpenick

1) Berliner Morgenzeitungen – (17.10.1906) berichten – fast unglaublich, Geschichte

2) Mann, (in) Hauptmannsuniform

   – anhalten – Abteilung Soldaten – Straße

   + befehlen – (Soldaten):

             folgen – (Mann) – (nach) Köpenick

                    (= klein, Stadt; Nähe von Berlin)

3) (in) Köpenick –

   (Mann) – besetzen – Rathaus – (mit)(Soldaten)

      + mitteilen – Bürgermeister:

               (Bürgermeister) – verhaften (=P)

4)   (Bürgermeister) – wollen protestieren

   gz: Hauptmann – zeigen – (auf) Soldaten + Gewehre

5) Bürgermeister – gehorchen

6) (___) – (selbst einmal) sein – Offizier

    + wissen:

       „Befehl ist Befehl"

7) Hauptmann – lassen transportieren – Bürgermeister – unter Bewachung – Berlin

8) (___) – (dann) nehmen – Bargeld – Stadtkasse

      + zurückschicken – Soldaten – Kaserne

      + anhalten – Kutsche

      + verschwinden – Geld

9)   Polizei – (erfolglos) suchen – falsch, Hauptmann

  gz: (älter) Mann, namens Wilhelm Voigt – erscheinen

                                              – Passabteilung (Berliner Polizeipräsidium)

10) Bed: man – versprechen (iR):

                              geben – Pass – (Voigt)

  dann: (Voigt) – wollen verraten – Geheimnis (Hauptmann)

11)   Beamte (Pl.) – versprechen – Pass – (Voigt)

  dann: (___) – erfahren – Lösung (Rätsel)

12) (Voigt) selbst – sein – Gesuchter

13) Voigt (= arbeitslos, Schuster)

  – (ständig) haben – Schwierigkeiten – Behörden

  + wollen auswandern

14)   man – verweigern – Ausstellung (Pass) – (Voigt)

  F: (Voigt) – müssen versuchen:

                        (andere Weise) kommen – (zu) Dokument

15) (Voigt) – kaufen – gebraucht, Hauptmannsuniform

        + sich umziehen – Toilette (Berliner Bahnhof)

16) (___) – (jetzt) sich fühlen – neu, Mensch

17) Soldaten + Bahnhofsbeamte – (blind) gehorchen

                 + stellen (/) – Fragen

18) alles andere – sein – Kinderspiel

19) magisch, Kraft (Uniform) – helfen – (Voigt):

                    ausführen – Plan

20)   es – (leider) geben (/) – Passabteilung – Köpenick

  F: (Voigt) – (so) müssen verraten – Identität

21) Wilhelm Voigt – verurteilen (P) – mehrjährig, Gefängnisstrafe

       + (nach, Entlassung) erhalten – Pass

22)   (___) – (doch nun) sein, alt

  * F: (___) – (nicht mehr) können, sich freuen – (Pass)

---

* Verwenden Sie die Konjunktionen *so...., dass* oder *zu... um zu*

105 Ein Privatbrief

Im folgenden Brief ist „A" der Briefschreiber (d.h. *ich*), „B" ist der Empfänger des Briefes (d.h. *du* oder *Sie*).

1) (lieb) B

2) Bitte: <u>B</u> – entschuldigen:

$$\underline{A} – \text{(so lange) schreiben (/) – B}$$

3)   <u>A</u> – (gestern) machen, Ordnung – Schreibtisch (A)

    gz: <u>Brief</u> (B) – in die Hände fallen – A

4) <u>A</u> – (mit Schrecken) feststellen:

$$\underline{A} – \text{(seit Mai) sein, schuldig – Antwort – B}$$

5) <u>B</u> – (aber selbst) wissen,

$$\text{wie – es – sein}$$

6)   <u>A</u> – (immer) wollen schreiben – B

    + <u>etwas</u> – (jedesmal) dazwischenkommen

7) Bitte: <u>B</u> – sein (/), böse – A

8) <u>alles</u> – beim Alten sein* – (bei) A

9) <u>A</u> – (immer noch) wohnen – winzig, Zimmer – Heinestraße

    + (nach wie vor) auf der Suche sein – (größer) Bleibe*

10) zwar: <u>A</u> – haben (KII) – ein paar, Angebote

    aber: alle, (<u>Angebote</u>) – sein, (viel zu) teuer

11) <u>A</u> – (vielleicht mal) versuchen:

$$\text{(einige Zeit) unterkommen* – Wohngemeinschaft}$$

12) <u>A</u> – kennen – mehrere, Leute

    R) *(Leute)* – sich teilen, (mit) andere – Wohnung

13) <u>Erfahrungen</u> (Leute) – (allerdings) sein, völlig unterschiedlich

14)   <u>Wohnungssuche</u> – (auch) erschweren (P)

    G**: <u>A</u> – (allmählich) müssen anfangen:

$$\text{sich vorbereiten – Examen}$$

     R) *(Examen)* – (Herbst) beginnen

---

* <u>beim Alten sein</u> = wie früher sein, unverändert sein
* <u>eBleibe</u> = Unterkunft (umgangssprachlich)
* <u>unterkommen</u> = einen Platz finden
**Konstruktion mit *dadurch...., dass*

15) A – (im Anschluss, Prüfung) wollen versuchen:

ausfindig machen* – Firma

    R) A – können machen – Praktikum – *(bei) (Firma)*

16) es – (wie ?) gehen – B

17) ? B – (noch) arbeiten – alt, Firma

18) A – sich erinnern:

B – wollen – sich umsehen* – etwas Neues

19) es – scheinen (/) – sein, leicht:

finden – Arbeitsstelle

    R) *(Arbeitsstelle)* – bieten – interessant, Tätigkeit

20) Dutzende (Bewerber) – kommen – (auf jede, frei) Stelle

21) ich – (noch) sich Gedanken machen (/) – künftig, Arbeitsplatz

22) Großmutter – (immer) sagen:

„Kommt Zeit, kommt Rat"

23) B – (Feiertage) (was?) machen

24) ? B – Lust haben (/)(KII):

(ein paar Tage) besuchen – A

25) A+B – (wieder einmal) können (KII) – (ausführlich) sich unterhalten

26) Bitte: B – (sofort) schreiben,

B – (was?) halten (von) – Vorschlag (A)

27) A – (auf jeden Fall) sein, zu Hause

28)   herzlich, Grüße

  + hoffentlich bis bald

29) A (B)

---

* <u>ausfindig machen</u> = finden
* <u>sich umsehen</u> (nach) = hier: suchen

Rätselecke

106   *Kreuzwort-Puzzle* ✶

Die Buchstaben der unten stehenden Wörter stehen in der falschen Reihenfolge und müssen so umgestellt werden, dass sich das richtige Wort ergibt (z.B. EFHT = HEFT). Dann ist das Wort in die Felder einzutragen. Die Buchstaben in den Kreisfeldern ergeben, von oben nach unten gelesen (und am linken Rand beginnend), ein Sprichwort.

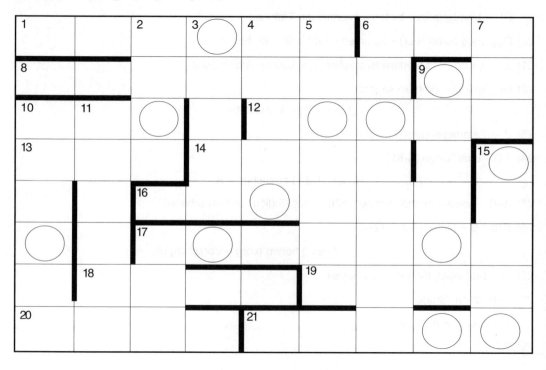

Waagerecht

1) LOMIGL   6) KTA   8) ESAIMEN   9) OW   10) AMI   12) TELIR   13) NUD   14) ASEG
16) ENZMET   17) RELLENK   18) DUNF   19) VERN   20) HELM   21) EILIN

Senkrecht

2) DEIL   3) EIGEL   4) SLIMA   5) EISNELG   6) NANNETEN   7) OTR   9) TREWTE
10) UMSUME   11) FRAUNE   15) VRELA   17) UHK

Lösung: _____

107   Kreuzworträtsel

Die Kreisfelder ergeben, wenn man sie von oben nach unten (und von links nach rechts gehend) liest, den Namen eines deutschen Komponisten. Die Buchstaben in den Feldern 12, 27, 45, 24, 16 und 48 ergeben den Titel eines seiner Hauptwerke. (Ä = AE; ß = SS)

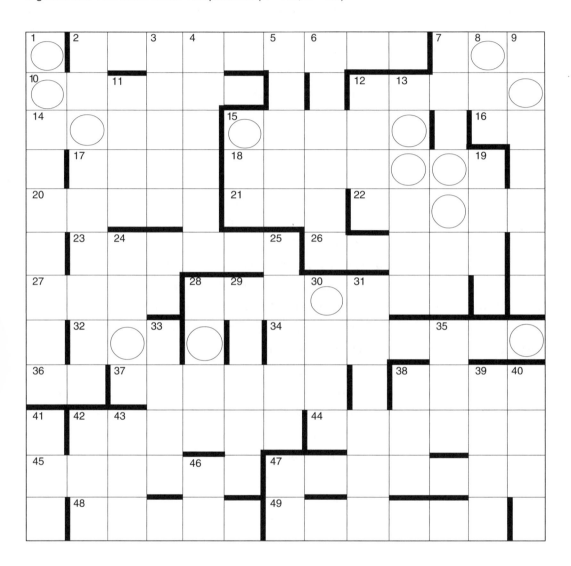

Waagerecht

2) Liest man bei schlechtem Licht, so kann man sich die Augen ...   **7)** Das, was jemand getan hat   **10)** Alter biblischer Vorname, der immer wieder in Mode kommt   **12)** So schaut man, wenn man den Blick nicht wendet   **14)** Noch viel älter als alt   **15)** Eine Gruppe von Menschen oder Tieren **16)** Akademischer Titel, aber nicht ganz so hoch wie der Dr.   **17)** Getränk, das beim Eingießen sehr schäumt   **18)** Wenn ein Mensch so ist, betrügt er niemanden   **20)** Dieser Fluss fließt durch Berlin

21) Eins der ältesten Getränke   **22)** An den Händen hat er Finger und an den Füßen ...   **23)** Bewegung

des Balles   **26)** Wichtige Stelle auf dem Bauch   **27)** Festsaal in der Universität   **28)** Dort leben

Mönche und Nonnen   **32)** Das Gegenteil von „fern"   **34)** Mit einem Scheck bezahlt man, wenn man

davon nicht genug hat   **36)** Abkürzung für 'Europäische Gemeinschaft'   **37)** Nichts essen (und nichts

trinken)   **38)** Frucht aus Neuseeland   **42)** Strick, mit dem man einem Gefangenen Arme und Beine

zusammenbindet   **44)** Wir werden es nicht ..., dass er sich bei uns so benimmt!   **45)** So heißen Stoffe,

durch die der Strom fließt   **47)** Goethe sagt, sie sei grau; ihr Gegenteil (die Praxis) sei ganz

anders   **48)** Wenn man den ... schmeckt, hat man den Wein zu lange gelagert   **49)** Drei Leute

genügen schon, um einen zu gründen

Senkrecht

1) Kurze Nase, die ein bisschen nach oben geht   **2)** Wenn ein Läufer weit vor dem anderen läuft,

dann hat er einen großen ...   **3)** Einer der größten deutschen Dichter (lebte um die Jahrhundert-

wende)   **4)** Süße Frucht, die in Oasen wächst   **5)** Wenn Fritzchen einem Jungen das Spielzeug kaputt

macht und der andere dasselbe bei ihm macht, dann ist das ...   **6)** Durch langes ... kann man ein tiefes

Loch machen   **7)** Mensch, der lange unter Wasser bleiben kann   **8)** Körperteil bei Menschen und

Affen   **9)** Salzige Flüssigkeit, die im Leid große Erleichterung bringt (Pl.)   **11)** Starkes Tier, das gern

Honig frisst   **12)** Das gehört in die Suppe, aber nicht zuviel   **13)** Die stärksten Wünsche, die die Natur

allen Lebewesen gegeben hat   **15)** Kleines Tischdeckchen (oder Kleidungsstücke, die zusammen-

gehören) **19)** Der wichtigste Mann in einem Roman   **24)** Nordischer Männername   **25)** Durch die

Erfindung des Dynamits verdiente er so viel, dass er einen Preis stiften konnte   **28)** Das gibt man der

(dem), die (den) man liebt   **29)** Maßeinheit für Bier, Wein und Wasser   **30)** Mit einem Glas und damit

kann man die Zeit messen   **31)** Rot ist (in Deutschland) die Farbe der Liebe und Schwarz die Farbe

der ...   **33)** Anderes Wort für „Eile" (oder konjugieren Sie „haben")   **35)** Wenn der Zeuge am Schluss

das spricht, dann muss man seiner Aussage glauben können   **38)** Der Ort, wohin auch der Kaiser

allein und zu Fuß geht   **39)** Aus dem Saft von Trauben macht man dieses Getränk   **40)** Spanischer

Mädchenname   **41)** Mit ... Spielern ist eine Fußballmannschaft vollzählig   **42)** Die Hexe ist die böse

Frau im Märchen und die gute Frau ist die ...   **43)** Man kann darauf erst gehen, wenn die Temperatur

unter den Gefrierpunkt fällt   **46)** Der eine liebt es hart, der andere weich (gekocht)   **47)** So kürzt man

im Ausland „Fernsehen" ab

Lösungen

Name des Komponisten: _____

Titel des Werks: _____

108 Beruferaten

Welche Berufe haben die folgenden Personen? Die Lösung ist jeweils im Namen versteckt, die Anfangs- und Endbuchstaben stehen in Klammern. Bei richtiger Lösung ergeben die Buchstaben in dem Rahmen, von unten nach oben gelesen, den Namen der Stadt, in der 1386 die erste deutsche Universität gegründet wurde. (Ä= AE; Ü=UE)

1) Gerd Tini (D – T)

2) Renate Kirse (S – N)

3) Susi Efer (F – E)

4) Anita Broln (L – N)

5) Nelli Kern (K – N)

6) Regina Ens (S – N)

7) Kurt Raede (R – R)

8) Erich Katt (A – T)

9) Erich Mek (C – R)

10) Achim Neker (M – R)

109 Reihenrätsel

Bei den folgenden Wörtern ist jeweils ein Buchstabe zu ändern, so dass sich ein neues Wort ergibt. Die neuen Buchstaben sind in Klammern alphabetisch angegeben, nicht in der Reihenfolge, in der Sie zu benutzen sind. Zuletzt soll das Zielwort erreicht werden. (ß = SS)

Beispiel: Wie kommt das *RAD* ins *TAL* ? (L, T, T)

RAD → RAT → TAT → TAL

a) Wie kommt der MANN zum WEIB ? (B, E, I, W)

MANN _____ _____ _____ WEIB

b) Wie kommt der HUND ins KINO ? (I, K, O, R)

HUND _____ _____ _____ KINO

c) Wie kommt die MAUS in den WALD ? (B, D, F, L, L, W)

MAUS _____ _____ _____ _____ WALD

d) Wie kommt GABI zu einem KUSS ? (E, F, K, S, S, T, U)

GABI _____ _____ _____ _____ _____ _____ KUSS

110 Silbenrätsel

Die ersten Buchstaben (von unten nach oben gelesen) und die vorletzten Buchstaben (von oben nach unten gelesen) ergeben ein deutsches Sprichwort. (Ä = AE; Ü = UE)

AN – AN – AT – AT – BAHN – BE – BEN – CHEN – CHER – DE – DE – DE – DER – EI – EN – ERD – ERD – FI – HO – IDEN – KRA – KUN – LER – LOCH – MO – NE – NICHT – QUA – RAU – RI – RI – SCHLUES – SEL – SEN – TA – TA – TE – TEN – TI – TI – TIE – WO – ZIERT – ZONT

1) Das braucht die Tür, damit man aufsperren kann   **2)** Wer sein Auto lieber in der Garage lässt, kann damit fahren   **3)** Versuch, einen Politiker zu töten (Pl.)   **4)** Darauf freuen sich Arbeitnehmer fünf Tage lang   **5)** Staatsform (mit freien Wahlen)   **6)** Einer, der auf Zigaretten verzichtet   **7)** Dort bekommt man alte Bücher   **8)** Linie zwischen Himmel und Erde   **9)** Geographie   **10)** Vorfahre des heutigen Menschen   **11)** Man weiß nicht, wer der Tote ist; d.h. er wurde noch nicht …   **12)** Naturkatastrophe, bei der Häuser zusammenfallen

1) I_____I_____I_____I_____

2) I_____I_____I_____I_____

3) I_____I_____I_____I_____

4) I_____I_____I_____I_____

5) I_____I_____I_____I_____

6) I_____I_____I_____I_____

7) I_____I_____I_____I_____

8) I_____I_____I_____I_____

9) I_____I_____I_____I_____

10) I_____I_____I_____I_____

11) I_____I_____I_____I_____

12) I_____I_____I_____I_____

Lösung: _____

Die folgenden Diagramme überprüfen Begriffe aus dem Wortschatz des Übungsbuches. Die Lösungswörter sind waagerecht, Zeile für Zeile, in den unten stehenden Buchstaben versteckt. Machen Sie um diese Buchstaben einen Kreis. Wenn Sie die übrig gebliebenen Buchstaben von links nach rechts lesen, so ergeben sich zwei deutsche Sprichwörter. Die Zahl in Klammern gibt an, aus wie vielen Buchstaben das gesuchte Wort besteht. (ß = SS; Ä = AE; Ü = UE).

Beispiel:
Diagramm: A S B O E L N L D ...   Lösungswort: S O L L

Das Lösungswort wird im Diagramm eingekreist: A (S) B (O) E (L) N (L) D

Übrig bleibende Buchstaben: A   B   E   N   D

Diagramm 1

1) Vogel mit einem langen, spitzen Schnabel (6)   **2)** Teil eines Baumes (5)   **3)** Hand bei Hunden (5)
4) hohe Körpertemperatur (6)   **5)** Wut (4)   **6)** zeitliche Grenze (z.B. für die Bezahlung) (5)   **7)** weiße Gesichtsfarbe (5)   **8)** Herkunft, Anfang (8)   **9)** Erfüllung von Befehlen (8)   **10)** Sicherheit vor Angriffen (6)

1) _____   6) _____

2) _____   7) _____

3) _____   8) _____

4) _____   9) _____

5) _____   10) _____

```
S D T E O R M C G H Z L W E U I E G P C F K O T L E F
I I C E B H E E R Z N O R S N F C R I H S L T B A L A E
S G S U T R S K P R E U N I G G N E E H O S R S T A M
U S C N H U D T E Z
```

Lösung: _____

Diagramm 2

1) Misserfolg (4)   **2)** Öffentliche politische Veranstaltung (10)   **3)** Deckel für den Automotor (5)   **4)** kurzer Schlaf (10)   **5)** Organ zum Atmen (5)   **6)** Behälter aus Papier oder Plastik (5)   **7)** bösartige Revanche (5)   **8)** Sitzplatz eines Königs (5)   **9)** Feiner Geruch (4)

1) _____   6) _____

2) _____   7) _____

3) _____   8) _____

4) _____   9) _____

5) _____

```
P D E C E H K R U N A D G P E B F U N E G H L A F U B
A E N E I C L K E L R C T H E N N I L U C N G H E T U T
E T W E R E A I C H T E T V H O R O M N S T D A U M F M T
```

Lösung: _____

Wenn Sie dieses Übungsbuch durchgearbeitet haben, müssten Sie in der Lage sein, das Rätsel zu lösen. Gefragt ist hier ausschließlich der Wortschatz. Die Buchstaben in den Kästchen ergeben bei richtiger Lösung (von oben nach unten gelesen und links beginnend) einen Spruch von Werner Mitsch, einem zeitgenössischen Aphoristen. (ß= SS; Ä = AE; Ö = OE; Ü = UE)

1) Bewusstlosigkeit
2) über ein Hindernis fallen
3) Lauf, bei dem jeder der Erste sein möchte
4) böse Frau im Märchen
5) großer Behälter für Bier oder Wein
6) Zeit vor Weihnachten
7) fehlendes Stück (z.B. im Gedächtnis)
8) dicke Schnur
9) technische Methode
10) ein Ziel nicht treffen
11) anderes Wort für gute menschliche Eigenschaft
12) stechender Teil einer Rose
13) letzter Tag des Jahres
14) dort kann man in der Küche Speisen wärmen
15) Gewinn bei Jagd oder Krieg
16) Teil eines Baumes (Pl.)
17) bemerken, dass jemand/ etwas fehlt

18) dort gehen Schiffspassagiere spazieren
19) Künstler, der plastische Kunstwerke herstellt
20) klug, mit viel Lebenserfahrung
21) kurze Stichwaffe
22) beseitigen, in Ordnung bringen (z.B. Schaden)
23) vergitterter Raum für Tiere
24) zusammenlegen (Decke, Tuch)
25) Verletzung auf der Haut
26) religiöses Gebäude bei Nichtchristen (z.B. bei den alten Griechen)
27) modisches Tanzlied
28) öffentlicher Badeplatz (an Fluss oder See)
29) Die Polizei kam dem Dieb bald auf die ...
30) höchster Punkt eines Berges

31) Zaun aus Pflanzen
32) starkes alkoholisches Getränk
33) süßlich-sentimental
34) Geist (in alten Burgen usw.)
35) Wohnung von Bären
36) unbrauchbare Reste, Müll
37) Geldstück
38) größerer Raum für Vorlesungen (in der Universität)
39) Gefäß für Blumen
40) Zutat beim Kochen
41) feierliche Rede
42) Mädchen, das Hochzeit feiert
43) Raum in einem Eisenbahnwagen
44) Mund bei Vögeln
45) Ruhestätte für Tote
46) Mensch, der ein Verbrechen beobachtet hat
47) Schnur aus Metall
48) zwölf Stück

1)
2)
3)
4)
5)
6)
7)
8)
9)
10)
11)
12)
13)
14)

15)
16)
17)
18)
19)
20)
21)
22)
23)
24)
25)
26)
27)
28)

29)

30)

31)

32)

33)

34)

35)

36)

37)

38)

39)

40)

41)

42)

43)

44)

45)

46)

47)

48)

Lösung: _____

_____

Verzeichnis der verwendeten Vornamen

1. Weibliche Vornamen

Agnes	Evelyn	Marion
Angelika	Franziska	Marlene
Anita	Gabi	Monika
Anke	Gabriele	Nelli
Anna	Gerti	Regina
Anne	Greta	Renate
Barbara	Hanne	Rita
Beate	Heidi	Sabine
Bettina	Ilse	Sandra
Birgit	Inge	Sibylle
Brigitte	Irma	Sigrid
Carola	Johanna	Sophia
Christiane	Jutta	Sophie
Christine	Karin	Stefanie
Claudia	Karla	Steffi
Dagmar	Katrin	Susanne
Daniela	Klara	Ulrike
Doris	Lisa	Ursula
Elisabeth	Lola	Uta
Elke	Lotte	Ute
Ellen	Maria	Verena
Else	Marianne	
Eva	Marie	

2. Männliche Vornamen

Achim	Fritz	Otto
Albert	Gerd	Peter
Alex	Gunther	Raimund
Alexander	Günther	Rainer
Alfred	Hans	Richard
Andreas	Harald	Robert
Anton	Heinz	Roland
Axel	Helmar	Rolf
Bernd	Jakob	Rudolf
Bernhard	Jan	Sebastian
Christian	Karl	Tobias
Christoph	Klaus	Ulrich
Daniel	Kurt	Volker
Edgar	Ludwig	Waldemar
Elmar	Manfred	Walter
Emil	Martin	Werner
Erich	Matthias	Wilhelm
Florian	Max	Willi
Franz	Oskar	Wolfgang
Fred		